Amai os Inimigos

Amai os Inimigos

VERA Lúcia **MARINZECK** de Carvalho

Espírito **ANTÔNIO CARLOS**

infinda

CATANDUVA, SP, 2022

Dedicamos
este livro aos nossos
amigos, companheiros
de trabalho do
"Grupo Espírita
Paz e Harmonia".
— Antônio Carlos
e Vera

Sumário

Apresentação
14

1
A ilha
18

2
Lembranças
36

3
A viagem
54

4
O regresso
68

5
Na represa
86

6
A grande mudança
108

7
A revelação
128

8
A palestra
150

9
Visitas
168

10
O passado
186

11
A vida continua
202

Apresentação

O ESPÍRITO ANTÔNIO CARLOS, UM ESTUDIOSO COMpanheiro que ora vive no plano espiritual, querido por muitos, considerado talentoso por tantos, tem deixado seus fãs curiosos para saberem quem ele é ou quem foi.

Nosso amigo não gosta de cultuar nomes, acha que eles valem apenas para sermos denominados por um determinado período.

Mas, apesar dessa observação, falemos um pouco de Antônio Carlos (é assim que o conhecemos hoje). Em sua última passagem pelo plano físico, Antônio Carlos exerceu a medicina e desencarnou nos primeiros decênios do século XX. Nos seus primeiros tempos no plano espiritual também se dedicou à medicina. Depois, ao recordar-se do passado, compreendeu que tinha de realizar algo de bom para a literatura. No passado, junto comigo, havíamos ambos nos equivocado, escrevendo livros confusos e passando informações errôneas.

Temos, Antônio Carlos e eu, uma afinidade muito grande, pois já estivemos juntos por diversas vezes, tanto no plano físico como na espiritualidade.

Para escrevermos o primeiro livro, treinamos nove anos consecutivos. Antes da edição da primeira obra e, posteriormente, das demais já editadas, cada livro é reescrito cinco vezes, em média, além de passar por várias revisões.

Antônio Carlos sempre me pediu para sentir sua vibração e que sempre o distinguisse assim, já que a aparência, como o nome, não é nada.

Vejo-o sempre desta maneira: é alto, forte, aparenta ter sessenta anos, cabelos ralos, finos, brancos, repartidos de lado. Traços fortes, olhar bondoso. Nunca o vi rir, mas sorri muito, aquele sorriso carinhoso com os lábios fechados.

Fiz a ele algumas perguntas, as que costumeiramente me são feitas, e que eu também não sabia. Obtive as seguintes respostas, que, agora, transcrevo aos amigos.

Você pretende escrever um livro sobre sua última encarnação?

Minha última passagem pelo plano físico foi muito simples. Já pensei nisso, mas ainda não achei uma maneira interessante de escrevê-la. Reencarnei em uma família de classe média, fui presbiteriano. Estudei com facilidades e exerci a medicina com amor. Talvez venha narrá-la, mas temo que não fique do agrado dos nossos queridos leitores.

Quais são seus planos para o futuro?

Tenho alguns romances que quero passar para a Vera, minha companheira de trabalho. Tudo que começa tem um final. É fazendo, fazendo que, um dia, poderemos, ela e eu, dizer: "Pronto! Está feito!". Tenho planos, sim, quando a médium Vera desencarnar, pararei com esta atividade e irei reencarnar, pois tenho algo muito importante para fazer no plano físico. Trabalhar com a literatura foi e, é muito importante, reparei o que fiz de errado e muito aprendi. Faço este trabalho somente com esta médium, pois temos motivos, histórias e vivências juntos.

Você se chama mesmo Antônio Carlos?
Claro! Sou conhecido assim, se amigos me chamam. Por que não chamar?

Qual foi sua maior alegria nesses anos dedicados à literatura?
Foi ter visto os livros da menina Patrícia terem sido aceitos e consolado tantas pessoas. Patrícia é outro afeto ligado à médium Vera, por muitas encarnações, e que, no plano espiritual, trabalharam e estudaram juntas para que pudessem escrever os livros. Coordenar esse trabalho foi a maior alegria. Estavam programados quatro livros. Terminada sua tarefa, Patrícia foi fazer o que planejara. Amigos, os desencarnados também sonham, fazem planos, e nossa querida amiga foi realizar o seu. Hoje, ela trabalha e estuda na espiritualidade e não vem mais ao plano físico.

Algumas palavras aos nossos leitores...
Que aprendamos a amar de forma verdadeira, a nós mesmos e ao próximo, para termos paz e harmonia. Meu abraço carinhoso e fraterno a todos.

♥

A ilha

— TORTUGO, ONDE ESTÁ A RUGA? - INDAGOU NOEL, passando a mão na cabeça de uma de suas tartarugas. – Você gosta de um carinho, não é?

Noel sorriu, era uma pessoa diferente dos habitantes da região. Louro, olhos azuis, barba longa, alto, forte e considerado sábio pelos vizinhos que tinham poucos conhecimentos e estudos. Mesmo não sendo muito social, era querido, porque estava sempre os ajudando com conselhos e resolvendo os problemas daquela gente simples.

Pegou uma folha de alface para dar ao animalzinho. Moravam com ele na ilha duas bonitas tartarugas.

— Coma, Tortugo! Será que você é mesmo macho? Se não for, me desculpe, não quero ofendê-lo. Mané me disse que você é. Quando voltar à civilização, vou pesquisar para ver se suas características são de macho. Não faz diferença a maneira como eu o chamo, não é amigo? Você não entende, é o que é.

Segurou a folha e a tartaruga comia devagar. Noel sentiu, de novo, a mãozinha suave e invisível em cima da sua.

— É você, meu filho? Gabriel? Você quer que eu decida?

Que volte e enfrente a vida! Você tem razão, já fugi por muito tempo. Devo retornar!

Andou pela margem, olhou o horizonte. Estava clareando e Noel não cansava de olhar para o firmamento.

— A natureza é bonita demais! Não existe cor mais linda que o azul do firmamento! – sorriu. – Não devo mais falar sozinho nem rir. Estranharão, quando eu voltar.

A ilha era pequena, fluvial, o rio que a cercava era grande, com água limpa e muitos peixes. As árvores eram lindas, a floresta nativa margeava o caudaloso rio. Noel gostava de admirá-la e também os animais silvestres e até selvagens. Havia por toda a região muitas cobras, aprendeu rápido distinguir as venenosas e conhecer todos os peixes. Pescava pouco, somente quando queria comê-los.

— Aprendi a cozinhar, faço peixes de diversas maneiras, lá não farei mais, não terei tempo! – balbuciou.

A ilha ficava bem no meio do rio, tinha algumas árvores nativas e outras frutíferas. Em um frondoso jequitibá fez um balanço, gostava de ficar balançando.

"Desfrutar da natureza é muito bom, pena que muitos abusam" – pensou.

Estava ali há quase cinco anos, amava o lugar. Tinha tudo de que precisava. Uma casinha de um cômodo só, com o fogão à lenha, um lampião, uma cama e alguns livros.

Foi cuidar da horta, tinha plantado diversas árvores e muitas verduras. Tirava seu sustento do rio e da horta. De seis em seis meses, recebia um envelope com algum dinheiro e comprava café, açúcar e algumas roupas. Vinha pelo correio que era entregue para os pescadores na vila do outro lado do rio, na margem direita.

— Noel! Noel!

Ele ouviu chamarem-no, largou a enxada, caminhou para a margem e viu Severino, um pescador que morava na vila.

— Noel, vim avisá-lo que o envelope pardo chegou e também ver se você me arruma erva-cidreira. Rosa, minha mulher, quer fazer um chá. Será que você não me dá uns tomates?

— Você precisa plantar, Severino! É tão fácil e prazeroso cuidar de uma horta! Vou pegar o que me pede e obrigado pelo aviso.

O envelope era carta de Dárcio, certamente ele mandara o que lhe pedira. Severino pegou a erva e os tomates, agradeceu e foi embora. Noel ficou pensando:

"Não tenho por que adiar mais. Vou buscar hoje o envelope. Tenho dó de deixar tudo, ou melhor, receio. É isso, tenho medo. Aqui está muito cômodo. Será que é covardia ou comodismo fugir dos problemas?"

Ali ele tinha paz e tentava resolver problemas alheios, ele não os tinha, não naquela ilha. Por não vê-los, sentia não ter.

"Vou acabar de carpir este pedaço e irei à vila."

Meia hora depois, pegou sua canoa e remou devagar, cadenciado rumo à outra margem. A vila não era longe, ele gastava, para chegar lá, uns trinta minutos quando remava mais depressa, mas Noel gostava de ir devagar apreciando as águas, os peixes e as margens. Para ir ao povoado tinha que remar contra a correnteza, mas o rio não tinha pressa, suas águas vinham vagarosamente. Na volta, muitas vezes Noel deitava na canoa e ficava olhando para cima, vendo as aves, as nuvens, e a canoa vinha devagar como o rio.

— Como é bom não ter pressa! – exclamava sempre.

Gostava de sua canoa, comprada quando chegara ali, e já

a reformara muitas vezes, e pintava-a sempre de vermelho e azul.

Não avistava a ilha da vila, o povoado era pequeno, com duas ruas empoeiradas, as casas eram simples, os moradores quase todos morenos, curtidos do sol que reinava sempre, ali era verão o ano todo.

Chegou, todos o cumprimentaram alegres, as crianças o cercaram.

— Noel, que bom vê-lo! – cumprimentou Marquinho, um garoto esperto que o visitava sempre.

Todos o chamavam pelo nome. Ele pediu, logo que os conheceu, que não o chamassem de senhor. Estava cansado desse tratamento e agora teria certamente de ouvi-lo de novo.

— Noel, venha ver minha Neuzinha, ela está com dor de barriga – pediu Jovino.

Ele foi, não era médico, mas seus poucos conhecimentos nessa área eram muitos, comparado com os deles. Por ali não havia médicos ou hospitais, somente na cidade mais próxima, que ficava distante. As pessoas dali usavam ervas, chás e re-médios caseiros. Noel não recusava atender ninguém, tentava sempre ajudar e quando percebia que poderia ser algo mais grave, orientava-os e auxiliava-os a ir para a cidade.

— Que tem, Neuzinha? Onde dói? – perguntou ele.

— Aqui, Papai Noel! – respondeu a garota.

Noel sorriu, desde pequeno ouvia isso; quando criança se chateava, adolescente quis mudar seu nome, depois se acostumou. Sua mãe o consolava dizendo que ele tinha o nome de um compositor famoso, Noel Rosa, mas isso não o consolava muito, não gostava do seu nome.

Ele concordou com a garota, com a barba longa loura, parecia mesmo o Papai Noel, só que sem filhos. Tinha tido o Gabriel, que partiu tão cedo. Lembrava muito dele, recordou que um dia seu filho sentou no seu colo e lhe disse:

"Paizinho, você tem o nome do Papai Noel. E, para ser um, só falta a barba."

Agora não faltava, tinha a barba. Será que foi por isso que a deixou crescer? Ou por que não gostava de fazer a barba? Comodismo? Ou para ficar parecido mesmo com o famoso e lendário velhinho?

Novamente sentiu a mãozinha, suave, quente e macia sobre a sua que passou pela barriga da menina.

— Dê a ela chá para vermes! Neuzinha, você vai sarar da dor! – afirmou ele.

Eles confiavam e a garota ficaria boa como acontecia sempre. Sorriu com os agradecimentos. Foi até a casa do sr. Benedito, que era o líder da vila e pegou o envelope e voltou para a ilha. Todos olharam curiosos, tinham muita vontade de saber o que ele recebia periodicamente, mas, como ele não respondia, não perguntavam mais.

Quando quis sumir, afastar-se da cidade, de todos, o fez mesmo. Consultou o mapa do Brasil. O país era grande demais, muitos rios, apontou um, viu que tinha algumas ilhas, resolveu ir para uma delas. Colocou numa maleta o que achava essencial, algum dinheiro e partiu. No começo a população ribeirinha olhou-o com desconfiança, com o tempo foi aceito, e agora eram amigos. Não abriu o envelope, chegou à ilha, deixou-o em cima da cama. Fez seu almoço e somente depois que se alimentou foi que abriu a carta. Era de Dárcio, seu grande amigo e a única pessoa que sabia onde ele estava.

Havia o dinheiro que pedira e o bilhete:

"Noel, me alegrei muito com a notícia de seu retorno. Quero mesmo lhe passar o cargo para me dedicar à política. Será um prazer enorme tê-lo conosco novamente. Venha o mais rápido possível. Abraços, Dárcio."

Olhou o dinheiro.

— Que coisa! Mudou de novo! Não conheço esta cédula! Acho que é mais que suficiente!

As maritacas faziam barulho. Noel levantou-se e foi dar quirera de milho a elas. Muitas aves vinham à ilha acostumadas a receber alimentos e ele tinha o casal de tartaruga. Iludia-se achando que elas lhe pertenciam; eram somente vizinhos, os animais ali eram livres. Olhou tudo com carinho, despedia-se. Resolveu deitar um pouco e ir no dia seguinte à vila e comunicar a todos que iria partir. Sentiu a presença do filho.

"Estou fazendo o que você quer! Será que lá irei sentir você, meu garoto?"

"Sim, meu pai, não o deixarei!"

Sentiu a resposta e o beijo no rosto. Suspirou sentindo muita paz.

— Que vou levar? – perguntou a si mesmo e respondeu: – Uma troca de roupa, as outras vou dar para o pessoal da vila. Vou levar estes livros! São minha riqueza!

Eram nove livros que mudaram sua forma de pensar.

Lembrava bem do dia em que ganhara os livros, foi numa tarde que teve uma tempestade forte, um barco grande a motor se perdeu com uns turistas e ele os acolheu na ilha. Eram três homens que saíram para pescar. Afastaram-se do hotel e não sabiam retornar. Noel lhes deu alimentos e ficaram conversando, eles estranharam por encontrar ali sozinho uma pessoa de conhecimentos. A tempestade passou e Noel ofereceu-se para guiá-los até o hotel.

"Irei com vocês no barco, amarro minha canoa nele, levo-os e volto."

"Vou aceitar, se não chegar hoje, minha família que ficou na pousada vai se apavorar," disse um deles.

Quando chegaram ao hotel, quiseram lhe pagar o favor, Noel recusou. Então um dos homens lhe deu um embrulho, achou que era roupa, ia recusar, quando o ofertante explicou:

"São livros, gostará de lê-los, eles mudaram minha vida para melhor, creio que o ajudarão também."

Gostava de ler, mas fazia tempo que não lia nada, às vezes lia algumas notícias dos jornais na vila porque eles lhe pediam para explicá-las. E, por elas, tinha a impressão de que a humanidade estava ficando cada vez mais confusa. Chegou à noite na ilha; no outro dia, logo que clareou, pegou os livros e examinou-os. Eram de um escritor francês, Allan Kardec, sua coleção e mais dois de estudos sobre o espiritismo. Noel começou a ler. Depois de lê-los, voltou a reler, estudando-os. Começou então a ver os fatos de outra maneira, a vida de outro modo.

Numa noite, sonhou com o filho Gabriel, que havia falecido. Ele o beijou, abraçou e disse:

"Paizinho, amo-o!"

"Eu também o amo!" – respondeu.

"Amai, pois, os inimigos!" – rogou o filho.

Acordou e teve a certeza de ter se encontrado com seu garoto. E passou então a senti-lo. Escutava sua vozinha, sentia sua mão.

Numa tarde, o sol estava muito forte, Noel deitou-se um

pouco, orou e seu Espírito afastou-se do corpo. Assustou-se, mas ao ver o filho, tranquilizou-se. Ficou de pé e olhou seu corpo deitado. Estranhou, estava com trinta anos e parecia ter muito mais com aquela barba até o peito. Olhou para Gabriel – estava como desencarnara: rosado, olhos azuis, lábios vermelhos –, que lhe sorriu com carinho e o saudou:

"Oi, papai!"

"Foi você que fez isto?" – perguntou Noel.

"Ajudei-o. Você saiu do seu corpo consciente."

"Sonho?"

"Não é sonho. Somos Espíritos e vestimos algumas roupagens. Isto é, meu Espírito reveste o perispírito, cópia do corpo físico que usava, vivo assim, porque estou desencarnado. Você se afastou com seu perispírito do seu corpo carnal que está aí deitado. Vê este cordão? Está preso a ele, isto é, está encarnado. Encontramo-nos sempre e conversamos quando seu corpo dorme, e o que recorda é como sonho. Saindo assim, consciente, lembrará nossa conversa e poderá meditar sobre o que dialogamos."[1]

"Li sobre isso, mas sentir é diferente. Estamos iguais e quero lhe dar um abraço. Senti-lo!"

Abraçaram-se com carinho.

"Papai, quero lhe falar. A morte do corpo não acaba conosco, continuamos vivos, com nossa individualidade e sentimentos.

---

1. Nota do Autor Espiritual [NAE]: O leitor poderá adquirir mais conhecimentos sobre o assunto em *O livro dos Espíritos*, de Allan Kardec, no capítulo 8, "Da emancipação da alma."

Continuo amando você. Foi tão bom você ter ganhado esses livros, conversar comigo e não ter medo." – disse Gabriel.

"Você quer me pedir algo?" – perguntou Noel.

"Como sabe?"

"Todas as vezes que me pedia algo colocava as mãos para trás, nas costas."

Gabriel riu. Era uma criança de rara beleza quando no físico e continuou lindo por estar equilibrado, harmonizado. Respondeu calmamente:

"Quero, papai, que volte! Precisa cuidar do que Deus lhe confiou."

"Dárcio não está fazendo?" – indagou Noel.

"Ele não é dono!" – Gabriel sorriu.

"Aqui tenho paz!" – exclamou Noel suspirando.

"Aprender a ter paz é conquista nossa, quem o faz consegue independentemente do lugar em que esteja" – explicou Gabriel.

"Meu filho, acho que será um retorno difícil para mim."

"Quer só facilidades? Cadê aquele homem que enfrentava tudo?" – indagou o garoto.

"Enfrentava, disse bem, agora não sei."

"Pois eu sei. Conseguirá."

"É isto mesmo que quer?" – Noel queria a afirmação do filho.

"É o que precisa ser feito" – determinou o filho.

Gabriel colocou-o de novo junto ao corpo. Noel pulou, abriu os olhos e não viu mais o filho, ficou pensando por horas nesse encontro e resolveu voltar. Escreveu a Dárcio pedindo que enviasse dinheiro para o regresso.

— Foi por isso que resolvi regressar! – exclamou, levantando-se da cama. Abriu o envelope de novo e lá estava o dinheiro. Vivera sem ele, ou quase sem, ultimamente usara para beneficiar alguém.

— Antes achava que ninguém vivia sem dinheiro, sempre tive muito, mas agora penso diferente. Voltando, terei de lidar com a moeda. Que irei encontrar? Dárcio me foi fiel? Devo estar preparado para tudo.

Andou pela ilha, olhava com carinho cada pedaço, despedindo-se. Talvez não regressasse mais ali, e se voltasse não seria a mesma coisa. Tudo muda.

— Este tomateiro, que agora está carregado de frutos, morrerá e secará em meses. Tudo modifica. Uns resistem mais, outros menos, e tudo se transforma. As pessoas também, anos as fazem mudar, umas para melhor, outras para pior, o tempo deixa marcas. Se estamos perto, vendo as modificações diárias, não as notamos, ou não nos chocam. Se estivermos longe, ao revê-las e notamos essas mudanças de uma só vez, estranhamos e podem doer. Dizem que o que os olhos não veem, o coração não sente. Ao retornar, almejamos ver tudo como deixamos, mas isso não é possível, as transformações existem e a decepção machuca. Sei que não vou encontrar as coisas, pessoas como as deixei, nem se voltar aqui, depois de um período, não encontrarei como está.

As tartarugas viviam soltas, eram acostumadas a ser alimentadas, teriam que procurar alimentos e ainda bem que ali os tinham em abundância.

— Se não chover, vocês, minhas plantinhas sensíveis, morrerão de sede perto de tanta água! – exclamou Noel suspirando e olhando a horta bem-cuidada. – Vou hoje ou amanhã me despedir do pessoal da vila? – indagou a si mesmo. – Vou hoje, agora! – decidiu. – Ainda bem que não tenho cachorro! Gosto tanto desse animal! Só tive o Bob! O pobrezinho morreu de velho – falou e foi para a margem do rio.

Entrou na canoa e remou cadenciado. Chegou, amarrou--a e caminhou para o único bar ali existente, naquela hora era bem frequentado pelos moradores locais. Todos pararam e olharam-no, estranhando o fato de ele vir duas vezes no mesmo dia à vila.

— Aconteceu alguma coisa, Noel? Você está bem? – perguntou Severino.

— Queria conversar com vocês, por isso vim aqui – Noel resolveu falar logo de uma vez: – Vou embora! Volto para a minha cidade. Amanhã cedo partirei.

Silêncio. Ninguém, por momentos, atreveu-se a falar; continuaram parados, olhando-o, até que Mané perguntou:

— Por quê? Você não gosta daqui?

— Amo este lugar, aqui encontrei a paz tão sonhada. Porém, fugir do mundo, da civilização, não resolve nossos problemas, nos iludimos que não os temos por não vê-los. Ignorá-los é iludir-se. E não podemos viver na ilusão a vida toda. Temos que resolver o que ficou pendente.

Noel falou de cabeça baixa, só para si, porque, ao olhar para eles, os viu pasmos, sorriu e continuou a explicar:

— Amigos, tenho o que fazer na minha cidade natal, fiquei longe por muito tempo e devo voltar.

— Você tem família? – perguntou Benedito.

— Não!

— Por que então? – indagou Benedito novamente.

Noel pensou em responder, "tenho inimigos", mas tinha afetos também, amigos, estava voltando por tudo e respondeu:

— Volto para resolver uns problemas.

— É foragido da polícia? – quis saber Pedro.

— Não! – Noel respondeu e entendeu que, por não revelar nada do seu passado a eles, seus amigos pensavam muitas coisas a seu respeito. Achando que lhes devia uma explicação, disse:

— Nada fiz de errado, a polícia não me procura. Sou uma pessoa normal, não tenho família, meus pais faleceram, era filho único e tinha um filho que morreu num acidente. Desgostoso, quis me afastar da cidade e vim para cá. Gosto da vida aqui, mas preciso retornar para cuidar de alguns bens materiais que deixei um amigo tomando conta. Agora ele quer ser político e eu preciso voltar.

— Você acha que irá encontrar esses bens? Terá ainda alguma coisa? – perguntou Severino.

— Não sei, por isso estou voltando – respondeu Noel.

— Se seu amigo quer ser político, é melhor ficar atento. A maioria dos políticos não tem boa fama – alertou Benedito.

— Existem pessoas honestas na política, se tivesse mais, nosso país seria melhor – manifestou Mané.

— Pessoas boas não se sentem bem junto de outras que agem errado – disse Pedro.

— Os maus às vezes se sobressaem pela timidez dos bons – opinou Noel. – Muitas vezes os bons acham melhor deixar para lá, não se envolver. Não deveria ser assim.

— Tudo já começa na eleição, a maioria joga sujo e os bons acham que não vale a pena, que não precisam disso – comentou Pedro.

— É pena! Poderia haver mais patriotas na política para fazerem deste país um lugar melhor para todos! – expressou Noel.

— Sempre achei que você tinha um segredo. Foi, então, a desilusão de ter o filho morto que o fez abandonar tudo e vir para cá? Eu até o entendo, tive dois filhos que morreram, sofri e estou aqui, a vida continua. Por que não teve outros? – perguntou Severino.

Noel não respondeu, resolveu mudar de assunto e falar de sua partida.

— Vou embora amanhã cedo. Pedro, quero alugar seus dois cavalos.

— Não alugo para amigos, empresto. Mas por que dois? Vai levar muita coisa? – Pedro quis saber.

— Não, é que quero que um dos garotos vá comigo à cidade e traga os cavalos de volta.

— Devemos muito a você, Noel, melhorou nossa vida, aprendemos com você a negociar, a entender nossos direitos e vamos sentir sua falta. É um prazer lhe emprestar os cavalos – Pedro se emocionou.

— Temos a escola porque você a conseguiu, e sempre está conosco quando precisamos. Você volta? – perguntou Mané.

— Talvez! – respondeu Noel. – Vou trazer meus pertences e dar a você, Sebastião; como você quer casar, pode ajudar, não é muita coisa. Minhas roupas deixo aqui, vocês repartem. Gostaria de lhes pedir um favor: se ficar muito tempo sem chover, que um de vocês vá até a ilha e águe minhas plantas.

— Podemos pegar os frutos? – pediu Nelson.

— Claro!

Conversaram por mais alguns minutos e Noel voltou à

ilha. Estava triste e chorou. Viver isolado das pessoas é fácil, sem as tentações, sem conviver é bem mais tranquilo. Viver no mundo convivendo com o próximo, não se corromper e não ser apegado a nada que se julga ser seu é que é difícil. Para viver em sociedade tem que ser corajoso. Porém, ninguém faz nada por nossa morada, a Terra, sem participar, sem conviver com os outros moradores desta casa.

"Que Deus me ajude!" – suspirou.

Dormiu, acordou de madrugada e arrumou tudo para partir. Colocou suas roupas num saco para deixar no bar, os outros pertences, em outro para dar ao Sebastião, colocou tudo na canoa e partiu sem olhar para trás. Não queria ver a ilha pela última vez. Levava no colo uma linda flor, uma orquídea lilás. Quando chegou à margem, Pedro estava esperando-o, ajudou com os sacos.

— Ramon irá à cidade com você. Boa viagem Noel e, volte, amigo!

Deixou os sacos no bar e foi à escola. Maria Inês estava lá. Ele entrou. A escola era um salão com carteiras novas e boas, uma lousa grande, estantes com livros, uma cozinha para merenda e dois banheiros. Construída com a doação dele, fora um grande presente para os moradores da vila.

— Bom dia, Noel! – cumprimentou Maria Inês.

— Vim me despedir de você. Trouxe-lhe esta flor! – exclamou Noel.

— É linda! Obrigada! Você vai mesmo embora? Não volta?

— Acho que não volto mais. Maria Inês, quero que você seja muito feliz! – desejou Noel.

— Eu também lhe desejo felicidades! – disse a professora baixinho. Noel a olhou. Maria Inês era morena, olhos negros expressivos e sinceros, cabelos longos castanho-escuros, não tinha muito estudo, mas era esforçada e sabia ensinar, era a professora da escola da vila. Todos gostavam muito dela. Ele sabia que ela gostava dele, os pescadores haviam insinuado, ele nunca a motivou. O único gesto seu de carinho para com ela era aquele, da despedida, em que lhe trouxera a flor. Queria realmente que ela fosse feliz e temeu que ela o esperasse.

— Maria Inês, você é uma pessoa especial, admiro-a pelo que faz, pelo que é, tenho-a como amiga, mas é só isso. Não viva de ilusão! Estou partindo e não volto mais!

— Os sentimentos bons nos ajudam a viver – disse Maria Inês. - Não se preocupe comigo, vou estar bem, aqui é onde sempre morei e morarei, gosto da escola e dos meus alunos.

— Que Deus a abençoe, Maria Inês. Adeus!

— Adeus!

Noel saiu e escutou um soluço, sentiu vontade de voltar e acalentar a moça, mas seria pior. Não fizera nada para que ela o amasse, era um amor platônico e ela o esqueceria.

"Por que às vezes, mesmo sem querer, fazemos outras pessoas sofrerem?" – pensou e suspirou triste.

Alguns amigos nem foram pescar para que pudessem se despedir dele. Abraçou um por um, montou no cavalo e partiu.

♥

Pegou os livros e examinou-os. Eram de um escritor francês, Allan Kardec. Noel começou a ler.

Depois de lê-los, voltou a reler, estudando-os. Começou então a ver os fatos de outra maneira, a vida de outro modo.

Lembranças

NOEL NEM OLHOU PARA TRÁS, ESFORÇOU-SE PARA não chorar e pensou:

"Estou ficando chorão!"

A estrada era empoeirada e os cavalos trotavam cadenciados. Ramon tentou conversar, mas Noel não estava a fim, o garoto começou, então, a cantar, depois ficou quieto. Chegaram à cidade, não era grande, mas tinha escolas, médicos, um pequeno hospital e um terminal de ônibus.

— Vamos parar aqui, Ramon!

Noel desceu do cavalo, pegou sua sacola e deu dinheiro a Ramon.

— Não quero, Noel! O sr. Pedro pediu que não era para pegar dinheiro seu, que você não lhe devia nada.

— Sei disso, Ramon, este é para você.

— Obrigado! Adeus!

Noel andou pela cidade, foi ao terminal de ônibus e conferiu o horário, o ônibus para a capital do estado sairia dentro de duas horas, comprou a passagem. Estava ansioso e andou pelas ruas próximas à pequena rodoviária. Depois que perguntou as horas para duas pessoas, resolveu comprar um relógio, mas não achou ali por perto e não quis ir longe. Tomou café num bar, voltou para o ponto de ônibus. Este estava no horário. Quando partiu foi que sentiu que realmente estava indo embora.

Abriu o *Evangelho* no seu capítulo preferido e leu:

"Se perdoardes aos homens as faltas que cometem contra vós, vosso Pai celeste também perdoará vossos pecados; mas se não perdoardes aos homens quando vos ofendem, vosso Pai também não perdoará vossos pecados." [*Mateus*, 6:14 e 15][2]

Como o ônibus balançava muito, fechou o livro e se pôs a pensar, a recordar.

Fora um garoto feliz, mimado pela mãe, gostava de estudar. Era adolescente quando os pais começaram a brigar, discutir, e quase sempre, após as discussões, seu genitor ia para a fábrica onde fizera um apartamento, e lá, segundo sua mãe, era um local em que recebia suas amantes. Foi uma decepção enorme quando, uma tarde, viu o pai com uma garota no apartamento. Tinha ido lá numa tentativa de levá-lo para casa e encontrou-o com uma moça. Saiu sem ser visto e chorou sentido, não disse nada à mãe. Sempre havia estudado com vontade, amava aprender e formou-se engenheiro mecânico. Estudou numa cidade vizinha, próxima à que morava. Estava todos os finais de semana em casa e seus pais continuavam a brigar. Gostava muito de ir à fábrica de tecidos, era grande, limpa e segura. Os empregados gostavam muito de seu pai,

---

2. NAE: *O Evangelho segundo o espiritismo*, de Allan Kardec, capítulo 10, "Bem-aventurados os que são misericordiosos".

que era bom patrão. Estava ainda estudando quando sua mãe o chamou para uma conversa, e pelo tom era séria.

"Noel, meu filho, estou doente, ou estamos doentes, seu pai e eu. Ari sempre me traiu, soube, sei e sou covarde, não tive coragem de abandoná-lo. Acho que sou uma pessoa que ama uma vez só. E mesmo sabendo tudo que ele me faz, ainda o amo. Ari, nessas suas aventuras, contagiou-se com uma doença e me transmitiu. Estamos tratando, mas acho que não vamos sarar. Ainda mais que seu pai também tem uma doença grave no coração. É muito triste saber que ele, ao meu trair, contagiou-se com esse mal e me passou."

Nem quis acreditar, mas era verdade. Seu pai organizou os negócios, passou todos os bens em seu nome, nas suas férias e nos finais de semana aprendeu tudo, o pai o ensinou com paciência. O que o consolava era que os pais agora estavam unidos, não brigavam e tratavam-se com carinho. Sofreram com a doença. Na sua formatura, seu pai foi de cadeira de rodas e teve que sair antes do final, por se sentir mal. Tornou-se apto ao serviço da fábrica, admirou o trabalho do pai, embora seu genitor fosse farrista, tendo várias amantes, era generoso com os empregados e dava grandes somas de dinheiro para instituições filantrópicas. Seguiu o ritmo de trabalho de seu pai. Dárcio, filho de um empregado antigo e de confiança, que era um jovem advogado, esforçado e inteligente, passou a ser seu secretário e ajudava-o em tudo. Conhecia Dárcio desde garoto, naquela cidade de porte médio todos se conheciam. Ficaram amigos.

Seu pai sofreu muito, a mãe, embora doente, cuidou dele com carinho. Ari desencarnou deixando todos tristes. A mãe, Mara, deixou de lutar pela vida e ele, então, desdobrou-se em cuidados.

"Viva por mim, mamãe! Preciso da senhora!"

"Não se sinta necessitado de ninguém, meu filho. Seja autossuficiente. Cuide de você! Acredito que só o corpo morre, o meu está irremediavelmente irrecuperável. Do outro lado da vida, iremos sarar, seu pai e eu. Não quero que sofra por nós, por mim, não quero que guarde luto. Você é tão jovem e está tendo muitas responsabilidades. Seja justo, honesto e bom."

Sentira muito a morte da mãe. Trabalhava bastante, não queria falhar e distraía-se com o trabalho. E Dárcio mostrou ser bom empregado e honesto.

E havia Luciana, a doce e meiga Lu, a namoradinha de adolescência. Era a namorada companheira, compreensiva, que não brigava com ele nem quando ele saía com outras garotas. Estava ao seu lado nos momentos difíceis, ajudando-o na doença de seus pais, entendendo quando não ia aos encontros para ficar trabalhando.

— Se tivesse me casado com ela, teria sido diferente! – resmungou Noel baixinho, e um homem que sentara ao seu lado no ônibus perguntou:

— Que disse, senhor? O ônibus é diferente?

— Falei que a viagem está diferente, está boa – respondeu Noel, pensando que teria de ter cuidado para não falar mais sozinho.

— Vou descer na próxima cidade. E o senhor, para onde vai? – indagou o homem querendo conversar.

— Para a capital. Vou dormir, estou cansado! – disse Noel fechando os olhos e continuou a recordar.

Se tivesse casado com Luciana, não teria dado certo, ela o amava, mas ele não. Queria-a bem, achava-a uma excelente pessoa, mas talvez isso não fosse suficiente. Ela merecia mais, ser amada. "E coração vazio pode ser preenchido", era o que dizia a empregada de sua casa e também dava palpite: "Luciana é boa, mas muito mole e passiva, talvez, se o tratasse diferente, você não agiria assim. Você a quer bem, mas se aparecer alguém especial, ela será trocada." E apareceu.

Mudou-se para a cidade um gerente de banco, e nas férias a sobrinha dele foi visitá-lo. Noel a havia visto num barzinho. Nádia era linda, loura, de olhos esverdeados, alta, magra, lábios bem desenhados. Os moços da cidade se encantaram com ela e ele também. No outro dia, encontrou com ela no banco, foram apresentados e ele a convidou para tomar sorvete. Ela aceitou e ficaram conversando, passaram uma tarde agradável.

À noite conversou com Dárcio, e lembrava-se bem do que ele dissera:

"Noel, estou interessado em Nádia, vou paquerá-la e pretendo namorá-la."

"Eu também estou interessado nela." – fora a resposta dele.

"E Luciana?" – perguntou Dárcio espantado.

"Espero que Lu não seja problema, não estou casado."

"Acho que já perdi, Nádia é muito bonita, mas me pareceu interesseira" – opinou Dárcio.

Ele não havia importado com o comentário do amigo, deveria ser despeito, nunca pensou que alguém pudesse ter interesse no que ele tinha e não nele.

No outro dia, telefonou para Nádia, e ela foi taxativa:

"Noel, fiquei sabendo que você tem namorada, não acho certo sair com você sendo comprometido. Vou desligar e, por favor, não ligue mais!"

Desligou e não atendeu o outro telefonema que ele fez em seguida. Ele havia pensado nela a tarde toda. À noite encontrou-se com Luciana, esta ficara sabendo que no dia anterior estivera com a outra na sorveteria. Discutiram e ele aproveitou para terminarem o namoro. Luciana achou que era uma briguinha à toa. Ele pensou em dizer a Nádia que estava livre e foi o que fez. Telefonou a ela, disse que havia terminado o namoro e Nádia, toda dengosa, convidou:

"Vem aqui agora, estou esperando-o."

Foi e passaram a se encontrar todos os dias e, no final das férias dela, estavam apaixonados. Nádia estudava, cursava o segundo ano de Letras. Luciana o procurou e ele não a deixou falar, disse-lhe que estava amando Nádia e que era grato por ela ter sido boa com ele, mas que não a amava. Ficara triste por fazer Luciana sofrer, mas estava tão empolgado com a nova namorada que não conseguia pensar em mais nada. Foi vê-la na cidade em que morava, conheceu seus pais, eram pessoas simples que tinham dificuldades financeiras, e firmou o namoro. Quando não ia vê-la, era ela quem vinha para a casa de seus tios e, assim, encontravam-se sempre. A moça fazia de tudo para agradá-lo e ele achou que encontrara sua cara-metade. Meses depois ficaram noivos.

"Noel" – disse-lhe Dárcio –, "estou com vontade de namorar Luciana. Que você acha?"

"Ela é uma pessoa ótima. Você gosta dela?"

"Gosto há muito tempo, mas a Lu só via você. Agora acho que tenho chance."

"Luciana e eu estávamos acostumados um com o outro, não nos amávamos. Acho que darão um par perfeito" – ele incentivou o amigo.

Reformou a casa em que morara com seus pais, mobiliou-a ao gosto de Nádia. Percebeu que ela gostava de luxo, não viu nisso algo negativo. Ela parou de estudar, marcaram a data do casamento. Foi uma cerimônia bonita o enlace dos dois e ele estava muito feliz. No casamento deles, Dárcio já namorava Luciana e pareciam felizes.

Passou a viajar muito, Nádia gostava, queria conhecer lugares, viajaram até para o exterior, chegaram a ficar meses fora. Na sua ausência, Dárcio ficava cuidando de tudo com muita eficiência.

Quando Nádia engravidou, ele ficou radiante. Ela reclamava muito da gravidez, ele era paciente e aguardava ansioso o nascimento do nenê. Nasceu Gabriel, um garoto lindo, louro, de olhos azuis. Foi então que se decepcionou um pouco com a esposa. Ela não era boa mãe, queria continuar viajando, saindo de casa e largava a criança com babás. Discutiram, embora a continuasse amando demais, os defeitos dela começaram a incomodá-lo. Nádia era vaidosa, ambiciosa, gostava de se exibir. Ele queria outros filhos, ela não. Dárcio casou-se com Luciana, seu amigo estava feliz.

Nádia reclamava cada vez mais e era raro o dia que não discutiam. Ele amava demais o filho, garoto inteligente, sensível e muito apegado a ele.

Uma tarde, estando ele e Dárcio a sós, o amigo indagou:

"Noel, você está bem? Você e Nádia estão bem?"

"Brigamos às vezes, mas tudo certo. Por quê?"

Olhou para Dárcio e sentiu que ele queria lhe dizer algo, já fazia algum tempo que sentia isso do amigo, que queria lhe falar e não tinha coragem. Resolveu esclarecer.

"Dárcio, meu amigo, fale logo o que tem para me dizer! Por favor!"

"Noel, você se lembra do Carlos, aquele que tem uma loja esportiva?"

"Sei bem quem é Carlos, fomos amigos quando jovens, mas não afinamos, ele era arrogante e uma vez brigamos por causa da Luciana. Tome cuidado, Dárcio, ele já quis namorar a Lu" – lembro de ter sorrido.

"Tome cuidado você, Noel, ele quer namorar a Nádia!" – exclamou Dárcio falando depressa. "Pronto, disse! Desculpe-me, meu amigo, mas todos comentam pela cidade. Carlos tem paquerado sua esposa e até a tem visitado na sua casa, em sua ausência."

Ele se lembrava de que havia sentado na poltrona, tomara água da jarra que ficava em sua escrivaninha, ficara alheio por momentos, depois pediu baixinho:

"Conte-me tudo o que sabe, Dárcio!"

Não tinha muito que contar. Carlos e Nádia estavam se encontrando e todos sabiam.

Foi para casa, encontrou Nádia sozinha, a babá fora passear com Gabriel, que fizera três anos na semana anterior.

"Nádia, o que está acontecendo? Disseram-me que você tem se encontrado com Carlos" – disse com a esperança de que ela desmentisse, negasse e afirmasse que o amava.

"Nosso casamento foi um fracasso, um equívoco. Quero a separação!" – respondeu ela friamente.

Noel sentiu que ia desfalecer, esforçou-se para parecer natural.

"Você e Carlos..."

"Estamos namorando, amo ele, quero ficar com Carlos."

"O Gabriel fica comigo" – determinei.

"Nunca! Sou a mãe e tenho direito. Fico com o meu filho!"

"Nosso!"

"Nosso! Por isso terá que sustentá-lo!" – gritou Nádia exaltada.

Ele se dirigiu para o quarto como um autômato, pegou uma mala, colocou umas roupas dentro e foi para a fábrica. Pediu para limparem o apartamento onde seu pai ficava quando brigava com sua mãe e ficou lá.

Foi um período difícil para ele, que sofreu muito. Só então compreendeu que Nádia nunca o amara, casara com ele pelo dinheiro. Ele era a pessoa mais rica da cidade e foi fácil para ela conquistá-lo. Nunca havia negado nada à esposa, que gastava muito com roupas, joias. Ele também ajudava todos da família dela, dava mesada generosa aos sogros. Sentiu muito ao descobrir que nunca fora amado.

A notícia foi a principal fofoca por semanas na cidade. Ser traído não é fácil. Por onde ia, parecia que todos comentavam que lá estava o traído, o marido enganado.

Ia sempre ver o filho, a babá levava Gabriel até a fábrica ou na pracinha perto da casa que fora dos pais dele, onde Nádia continuava morando.

Nádia queria dinheiro, ele não quis dar nada. Somente ia pagar a babá e dar roupas para Gabriel. Parou de mandar dinheiro à família dela.

Discutiam todas as vezes que se encontravam, ela queria a separação, ele não se negava a dar, mas Nádia queria dinheiro, bens, queria sair financeiramente bem do casamento, ele não queria dar nada e almejava a guarda do filho.

Cinco meses se passaram sem que entrassem num acordo. Discutiam muito quando se encontravam ou mesmo pelo telefone. Carlos foi morar com Nádia. Ele havia sofrido muito, a casa que fora dos seus pais agora era ninho de amor da ex-esposa com outro homem. Ele ainda amava Nádia e a aceitaria de volta, se ela o quisesse, mas a ex-esposa parecia mesmo apaixonada por Carlos.

Consolava-se com o filho, Gabriel não entendia a situação e pedia para o pai voltar para casa.

Nádia telefonou um dia para Noel e pediu para se encontrar com ele no escritório de um advogado. Ele foi, e pela primeira vez a viu como ela era na realidade: fria, calculista, queria falar de dinheiro.

"Quero a separação, Noel, e a metade de seus bens."

"Metade?" – ele espantou.

"Somos casados, ou fomos, quero o que tenho direito!"

"Não é bem assim, Nádia. Não vou lhe dar metade, nunca! Posso até lhe dar alguma coisa em troca da guarda de Gabriel."

"Quero o que tenho direito!" – exclamou ela alto.

Discutiram e foram embora sem entrar num acordo. Resolveu que não daria nada a ela, não separaria e que queria Gabriel. Resolveu consultar num escritório de advocacia que lhe recomendaram como sendo o melhor da capital.

A dor da desilusão foi muita e sofreu.

E, aí, houve o acidente.

Carlos saiu com o carro da garagem e atropelou Gabriel

que, não se sabe o porquê, estava embaixo do veículo. O garoto foi socorrido e desencarnou no hospital. Noel havia sentido tanta dor, que algo pareceu arrebentar-lhe dentro do peito.

Dárcio organizou tudo. Estava no velório quando Nádia chegou chorando.

"Não chore! Você nunca foi boa mãe! Nunca cuidou dele, a babá foi muito mais mãe que você. Morreu assassinado pelo seu amante! Amante!"

Dárcio o havia acalmado, afastando-o da sala.

"Não vou tolerar ver Nádia junto do caixão, Dárcio, não vou."

"Ela é a mãe, Noel! Acalme-se, por favor!"

Ao voltar ao velório, Dárcio não saiu de seu lado, confortando-o, consolando-o. Todos o cumprimentavam e poucas pessoas deram os pêsames a Nádia. Ele quis dizer muitas ofensas a ela, gritar seu ódio, Dárcio o conteve. Num momento que não havia muitas pessoas ele disse:

"Satisfeita, Nádia? Não quis deixar nosso filho comigo e vocês dois o mataram."

"Foi um acidente!" – defendeu ela.

"Que esse assassino não venha aqui, senão mato ele!" – exclamou com tanto ódio que Nádia estremeceu.

Soube que Carlos saiu da garagem, atropelou Gabriel e foi embora.

A babá que viu tudo gritou e um vizinho o levou para o hospital.

Após o enterro, ele havia ido para seu apartamento na fábrica e ficou sozinho. Sentou-se na cama, sofria muito e as lágrimas começaram a rolar pelo seu rosto. Sentiu-se abraçado e pensou na sua mãe:

"Mamãe, onde está a senhora? Sinto sua falta! Já perdi muito, todos que amava, a senhora, papai e agora Gabriel, a morte me ronda, mas não me leva! Queria tanto que estivesse aqui ao meu lado!"

Pareceu que ouvia os pais brigarem. Ficou tonto, sentiu tudo rodar, foi como na juventude, quando presenciava suas brigas. Lembranças dessas discussões vieram fortes, sentiu que os dois estavam ali com ele, gritando um com o outro, não entendeu bem o que falavam, mas que se ofendiam; pareceu que a mãe acusava o pai, tanto por ter morrido e por não poder estar ao lado dele e por mais coisas. Levantou-se, deu murros na cômoda, chutou os móveis e gritou:

"Para! Pelo amor de Deus, parem com isso!"

Silêncio. Tudo voltou à quietude, só escutou seus soluços. Sentou na cama novamente. Sentiu fraqueza, não havia se alimentado naquele dia e estava sem fome, chorou por horas. Tomou uma decisão: iria embora. Resolveu viajar, pensou em ir à Europa, desistiu, queria ficar sozinho e optou por uma ilha. De uma coisa teve certeza: odiava Nádia e Carlos, agora eram seus inimigos, daria a eles uma pequena amostra de seu rancor, agora, de imediato, e iria planejar uma grande vingança. Porque tudo que se planeja com calma se executa melhor. Quando conseguiu dormir, já era tarde, teve um sono agitado, acordou, percebeu que nem havia trocado de roupas, tomou banho, tomou café e se pôs a trabalhar freneticamente, a organizar tudo.

"Que está fazendo, Noel? Trabalhando tão cedo? Posso saber que se passa?" – indagou Dárcio.

"Pode e deve, porque será você que fará tudo de agora em diante. Vou viajar, passar um bom tempo fora, não tenho data para voltar e você vai cuidar de tudo."

"Acho que será muito bom você viajar. Cuidarei de tudo enquanto estiver fora. Amanhã está marcada a visita daquele advogado da capital, ele vem para acertar sua separação. Devo cancelar?" – indagou Dárcio.

"Não! Vou recebê-lo, tem muitas coisas para ele fazer."

"Que devo fazer na sua ausência?" – quis saber Dárcio.

"Vou fazer uma procuração dando-lhe todos os poderes para resolver tudo na fábrica, ela ficará sob sua responsabilidade."

"Noel, não quero fofocar, mas devo lhe dizer tudo que fiquei sabendo. Carlos tem judiado do seu cachorro e Nádia está grávida."

"Queria tanto outro filho... e ela, não. Acho que já planejava a separação e que me traía há um bom tempo. Odeio os dois e vou me vingar. Eles receberão de volta todo o mal que me fizeram. Nádia deve ter casado comigo por interesse, sempre me enganou. Se ela queria o meu dinheiro, não vai ter. Vou fazer o seguinte: não pague mais a água nem a energia da casa, e deixe que cortem por falta de pagamento. Faça um contrato da casa, como se eu alugasse aquela moradia da fábrica, e mobiliada. Este contrato deve ser da data do meu casamento. E que não pago o aluguel há meses. Peça despejo por falta de pagamento. A locação deve ser bem cara. Ou eles pagam ou serão despejados, e lembre-se: todos os utensílios domésticos pertencem à fábrica. Então Carlos tem judiado de Bob? Meu velho cão é um animal educado, bonzinho. Vou agora buscá-lo."

"Noel, Carlos deu depoimento, afirmou que não viu Gabriel, que tudo foi acidente" – contou Dárcio.

"Acho que foi, mas isso não diminuiu meu ódio."

Tinha ido até sua antiga casa, sentiu um aperto ao ver a garagem. Tocou a campainha, a empregada, a ex-babá de Gabriel, atendeu, ficou branca e começou a tremer ao vê-lo. Disse apressada:

"Sr. Noel, não tive culpa! Dona Nádia me mandou fazer o almoço, descuidei de Gabriel um segundo e..."

"Quero o Bob, me traga aqui e já!" – ordenou, interrompendo-a.

A babá tratou de fazer o que ele pedia, entrou e voltou rápido com Bob na coleira. Pegou o cachorro, que pulou nele, abanando o rabo contente. Virou-se para a moça e disse:

"Não acho que tenha culpa, se achasse, você iria, sem dúvida, se arrepender muito. Não vou pagar mais seu ordenado."

Saiu, entrou no carro, colocou Bob no banco de trás e voltou à fábrica, só quando chegou conseguiu abraçar Bob e chorou. O cão pareceu que entendia a tristeza do dono, ficou quieto, de vez em quando lhe lambia a mão.

Entrou na fábrica com Bob, encontrou Luciana no escritório.

"Noel, vim ver se você está precisando de mim. Bob! Cachorro esperto! Como está você?"

"Fiquei sabendo que Carlos estava maltratando Bob, fui buscá-lo."

"Ele não me esqueceu!" – exclamou Luciana.

Bob pulou nela lambendo suas mãos.

"Ele já está velho. Não sei o que farei com ele, mas com Nádia meu cachorro não fica."

"Dárcio me disse que você vai viajar. Acho que é o melhor que tem a fazer. Fico com Bob, levo-o para casa. Dárcio e eu cuidaremos dele."

Nesse momento Dárcio entrou no escritório e confirmou:

"Noel, deixe Bob conosco, gostamos de cachorro, cuidaremos bem dele."

"Não sei nem como agradecer-lhes. Confio Bob a vocês."

Luciana o levou.

***

Parou de pensar e ficou olhando a paisagem pela janela.

Noel acabou por dormir, o barulho monótono do ônibus lhe dera sono.

Sonhou com Nádia, que viajavam de navio. Ela estava muito bonita, encontravam-se na piscina, dia claro, muito calor. Nádia pulou na água, chamou para que mergulhasse e lhe jogou água. O ônibus deu um solavanco. Noel acordou assustado, pulou. Um garoto que sentara ao seu lado riu gostoso.

— Puxa, o senhor se assustou! Não aconteceu nada, acho que foi um buraco na pista, tem muitos por aqui.

Noel riu também. Lembrou-se do sonho. Fora orgulhoso no passado, achava que era impossível não ser amado, amava e tinha a certeza de que era amado também. Não compreendera que Nádia era interesseira, talvez ela até tenha tentado amá-lo. Mas coração vazio pode ser preenchido e ela encontrou Carlos. Fora feliz com ela, não podia negar. No início do casamento passaram bons momentos juntos, fizeram muitas viagens agradáveis. Suspirou.

— Desculpe-me se ri do senhor, é que foi engraçado o pulo que deu, o susto que levou. Não quer comer? Aceita uma bolacha? – ofereceu o garoto rindo.

— Obrigado, não quero!

— Não estou com fome, mamãe comprou muita coisa para que comesse na viagem. Pode pegar! – o garoto fora gentil.

Noel pegou uma bala, agradeceu e o menino se pôs a conversar.

Escutou paciente, de vez em quando dava uma opinião. O garoto desceu logo e Noel ficou sozinho no banco, adormeceu de novo, estava cansado e ansioso para chegar logo.

♥

Se perdoardes aos homens as faltas que cometem contra nós, nosso Pai celeste também perdoará nossos pecados; mas se não perdoardes aos homens quando nos ofendem, nosso Pai também não perdoará nossos pecados.

A viagem

NOEL ACORDOU QUANDO CHEGOU AO SEU DESTINO. estava com fome, mas foi, primeiro, verificar os horários de ônibus. Teria que ir até a capital do seu estado e depois tomar outro para sua cidade. Ficou decepcionado, somente poderia continuar viajando no outro dia pela manhã. Comprou a passagem.

"Não tenho por que ficar aborrecido" pensou, "este meio de transporte atende a um número de passageiros e os horários devem ser conforme o movimento. Faria esse mesmo percurso na metade do tempo, se fosse de carro. Eu, que nunca antes precisei preocupar-me com horários para viajar."

Olhou a rodoviária, era grande e muito movimentada.

"São muitas pessoas vindo e indo, e creio que muitos têm problemas. Sempre há motivos para viajar, passeios, negócios, há partidas tristes e retornos alegres", pensou e suspirou.

Passou à sua frente uma senhora, com duas malas, carregando um nenê e puxando um menino pequeno. Noel ia oferecer ajuda quando um senhor se aproximou e o menino gritou: "Papai!". Ele arrepiou-se.

— Como é bom ser chamado assim! Vou ter que ficar num hotel! - exclamou baixinho.

Uma senhora o olhou, Noel sorriu e resolveu se esforçar para não falar mais sozinho.

"Vou procurar um bom hotel, tomar banho, trocar de roupas e jantar. Não, irei comer primeiro, estou com fome", resolveu.

Entrou num restaurante de boa aparência, o garçom que o atendeu disse educadamente:

— Senhor, este restaurante é caro, quero dizer, a comida é ótima e custa mais. Talvez o senhor prefira ir a outro, logo ali na esquina tem um mais popular.

Noel olhou-se num espelho grande na parede, estava com a roupa simples demais e, com aquela barba longa, não tinha aparência de quem tem dinheiro para uma refeição melhor. Respondeu calmamente:

— Pago adiantado. Aqui está. Dá?

— Claro, senhor, desculpe-me!

— Tudo bem.

Comeu com apetite.

"Se eu for procurar um bom hotel com esta aparência, não me aceitarão e acho que não devo chegar à minha cidade assim", pensou.

Saiu do restaurante e entrou numa barbearia, a primeira que viu, cortou o cabelo, raspou a barba. Depois foi numa loja de roupas masculinas e comprou calça e camisa. Saiu vestido com elas. Deu suas roupas velhas para um mendigo, entrou numa relojoaria, comprou um relógio e foi para um hotel. Hospedou-se sem problema.

"Como a aparência abre portas", pensou. "Não teria conseguido hospedar-me aqui horas antes, com aquela barba e roupas simples, agora, bem vestido, não tive nem que pagar antecipado."

No outro dia foi logo cedo para a rodoviária e logo estava a caminho. A viagem era longa, Noel sentou-se ao lado da janela e ficou olhando o caminho percorrido, viu as favelas na periferia, teve dó ao ver aqueles barracos, e pensou que certamente seria um espaço muito pequeno para muitas pessoas. Ficou por muito tempo observando a rodovia, o campo, lavouras, o gado. Foram muitas as pessoas que se sentaram ao seu lado, conversou com algumas, mas preferiu ficar mais quieto. O ônibus fez muitas paradas, Noel desceu, comeu pouco, tomou mais líquido, fazia muito calor e a viagem foi cansativa. Novamente se pôs a recordar.

Dárcio, seu amigo, era uma pessoa boa, agradável, otimista, alegre, alto, de olhos expressivos.

"Acho que Dárcio nasceu para ser político!", pensou.

Lembrou que ele, no dia seguinte, já tinha providenciado o que lhe pedira e comunicou:

"Noel, fiz tudo que me recomendou, a ordem de despejo já foi providenciada."

"Eles não terão como pagar e terão de mudar de lá, da casa em que vivi com meus pais. Você, Dárcio, não quer morar lá?"

"Não, temos a nossa casa, é menor e bem mais simples, mas gostamos dela. Agradeço, Noel" – respondeu Dárcio.

"Quando eles mudarem, quero que mande alguém conferir. Quero, se possível, um oficial de justiça para que não levem nada. Traga os móveis e os eletrodomésticos para a nossa lojinha, aqui na fábrica, e venda-os bem barato. Não quero nada daquilo. E tudo que pertenceu ao Gabriel, você manda para o orfanato."

Tinha uma lojinha na fábrica, na qual vendiam tecidos

com defeitos e os funcionários podiam trazer tudo que quisessem para negociar.

O dia havia passado rápido, Noel queria organizar tudo. Quando o advogado da capital chegou, ele o recebeu a sós.

"Desculpe-me, veio para uma coisa e vou lhe pedir que faça outra. Vou viajar e quero deixar uma procuração ao meu advogado e empregado Dárcio, para que ele administre todos os meus bens, e pretendo fazer um testamento."

Ficaram horas conversando.

"Vou demorar dias para fazer isso tudo" – disse o advogado.

"Tem que ser rápido. Pago-o dobrado para que faça o mais depressa possível."

E o ambicioso profissional tratou de ser rápido.

Dárcio ficou observando e o aconselhou:

"Noel, você já se vingou o bastante!"

"Isso é pouco, Dárcio! Se Nádia casou comigo por interesse, é justo que não receba nada. Somente não irei me vingar da babá, porque ela me disse, e eu acreditei, que na hora do acidente ela estava na cozinha fazendo outra coisa e eu a pagava para cuidar do Gabriel. Não vou acusá-la, mas a Carlos sim. O advogado irá fazer uma denúncia, certamente não dará em nada, não será condenado, mas lhe dará preocupações, terá que se defender, gastar com advogados. Não quero que continuem morando naquela casa, que desfrutem do conforto, dos móveis caros que Nádia escolheu e que eu comprei para agradá-la. Eles não merecem a minha clemência, judiaram até do coitado do Bob, meu cachorro, que eu sempre quis bem e que está velho."

Foi contra a minha vontade que tive de ficar mais uns dias,

queria viajar, sair da cidade logo. Não saí da fábrica, não atendi telefonemas e impedi a entrada de Nádia na fábrica.

Triplicou o ordenado de Dárcio.

"Noel, não faça isto, é muito dinheiro!" – advertiu o amigo.

"Já vi muitos reclamarem por ganhar pouco, mas é o primeiro que encontro que o faz por ganhar muito. É justo e... é o que quero!"

Chamou a secretária e deu a ordem:

"Dona Alzira, quero que compre alguns materiais esportivos, como bolas, raquetes, camisetas e coloque na nossa lojinha para vender a preço de custo. Quero que compre esta quantia por mês, durante cinco meses."

"Onde compro?" – perguntou a secretária.

"Em fábricas, de representantes, pesquise, Dona Alzira, e faça boa compra!"

"Noel, você vai levar Carlos à falência" – Dárcio me advertiu.

"Ele merece isso e muito mais, Nádia gasta muito dinheiro e ela sentirá em viver com menos. Depois, meu amigo, eu gastava tanto com ela, e o que estou fazendo é metade do que Nádia pagava em roupas e cabeleireiro."

Reuniu os empregados e fez um discurso de despedida e uma vingancinha a mais ao se fazer de vítima.

"Meus amigos, funcionários, alguns aqui me viram nascer, crescer, somos uma família. Vou viajar, ficarei um bom tempo fora. Deixo, para cuidar de tudo, Dárcio e vocês. E, para isso, por aumentar suas responsabilidades, terão aumento de salário." Ele havia feito uma pausa, todos se alegraram, o aumento era ótimo, e depois continuou: "Vocês, meus companheiros, sabem o que aconteceu comigo. Não pensem que não me envergonho de falar, sim, envergonho-me, mas com amigos o desejo de desabafar é maior. Fui traído, meu filho, morto. Acidente ou assassinato? Sofri muito, estou sofrendo demais! Mas Deus irá me fazer justiça, porque tenho amigos para me defender."

E continuou o discurso falando a eles que Nádia havia se casado por interesse, que a babá que ele pagava para cuidar do filho, a mando da ex-esposa, fazia, no momento do acidente, outro trabalho. Que eles, a ex-mulher e o amante, queriam tudo que era dele, o que herdara do pai, e que ficou sabendo que se isso acontecesse de fato, a primeira coisa que fariam seria despedir todos os empregados. E Noel falou por mais algum tempo comovendo todos, porque, como bom patrão, era amado e respeitado. Foram muitos os empregados que choraram.

Ao voltar para o escritório, Dárcio indagou:

"Você acha que Carlos matou seu filho?"

"Não. Gabriel era para eles a galinha dos ovos de ouro, pelo meu filho, os dois iam me tirar muito dinheiro. Morariam naquela mansão às minhas custas e, para não haver muitas brigas, cederia em muitas coisas. Nádia ficaria bem com a separação, o que agora não irá acontecer. Vou viajar e comigo ausente não haverá separação, e ela não poderá se casar com Carlos. Não tendo filhos, Nádia não terá pensão. Daqui a pouco, o advogado virá e eu assinarei meu testamento. Infelizmente sou casado com ela, que continuará por enquanto sendo minha esposa, depois, quando voltar, decidirei o que fazer."

"Noel, eles já receberam a intimação e terão que desocupar a casa por falta de pagamento. Carlos até consultou um advogado. Fiz benfeito, ou pagam tudo de uma vez ou terão que mudar e, sem os móveis, poderão levar somente as roupas íntimas. Ontem Luciana e eu fomos à missa de sétimo dia de Gabriel, a igreja estava lotada, foi uma pena você não ter ido. Nádia e Carlos estavam lá e foram tratados com desprezo, os habitantes da cidade acham os dois culpados e fofocam, estão sentindo a maledicência. E, depois do que você disse aos empregados, não duvido que serão tratados como criminosos. Pode se sentir vingado!"

"Pois não me sinto! Nádia destruiu minha vida e eu vou acabar com eles. Uma boa vingança requer planejamento, meu ódio me sustentará e eu vou saber me vingar. Ainda não fiz nada."

"Não deixe a mágoa destruir você, meu amigo. Você é jovem, bonito, inteligente, pode construir outra família, ter outros filhos e saberá com certeza escolher melhor a próxima esposa."

"Posso até fazer isso um dia, agora não."

"Mandou fazer um testamento. Por quê? – indagou Dárcio."

"Se eu morresse, Nádia herdaria tudo por ser minha esposa e por não ter parentes próximos. Separando-me dela, terei que lhe dar muito dinheiro. Não quero nem uma coisa nem outra. Planejamos, o advogado e eu, e fizemos um testamento benfeito. Não quero morrer, mas, se isso vier a acontecer, ela terá uma surpresa. E, se eu vier a me casar novamente, anulo este e faço outro."

"Tente ficar bem, Noel, não quero que sofra!"

"Obrigado, Dárcio, mas é impossível não sofrer, amava Gabriel, ele era tudo para mim. Nádia e Carlos me destruíram!" – expressei com raiva.

O advogado fez o testamento muito benfeito, a fábrica de

tecidos, bem como o terreno em sua volta, com a sua morte, seria uma fundação e os empregados, os donos, com a presidência de Dárcio. Para Nádia ficaria a casa em que moravam e dois apartamentos.

Com tudo em ordem, havia marcado sua partida para o dia seguinte. Foi despedir-se de Bob. Luciana o recebeu com carinho. Seu cachorro estava limpo e Noel o achou feliz.

"Levei-o ao veterinário, ele está bem" – contou Luciana.

"Obrigado, Lu!"

"Cuidaremos bem dele, fique descansado."

"Ficarei, sei que Bob será muito bem cuidado. Obrigado e seja muito feliz com Dárcio. Vocês são ótimos e se merecem."

Abraçou-os e despediu-se.

Um empregado o levou de carro até a capital, ele alugou um avião que o levou próximo à ilha e foi de barco até ela. Havia comprado tudo que precisava para ficar lá e fez a cabana. Os habitantes da região estranharam sua presença, mas como eram hospitaleiros, conversaram com ele e com o tempo tornaram-se amigos.

De Dárcio recebia as notícias da fábrica, de amigos e de Nádia. Carlos e ela tiveram que mudar, deixando tudo. A ex--esposa ficou furiosa ao saber que os móveis e eletrodomésticos foram vendidos a preço barato, a casa foi alugada e eles foram morar num apartamento pequeno. Carlos não ajudava a família dela, e estes ficaram contra o casal. E que Nádia não saía mais de casa por ser desprezada até pelas colegas que se tornaram ex-amigas. Carlos quase faliu, porque os clientes sumiram de sua loja. Com o tempo, foi voltando ao normal, Nádia teve dois filhos, dois meninos. Dárcio e Luciana tiveram um casal de filhos e Bob morreu de velhice. E a fábrica estava bem, dando bom lucro. Dárcio se alegrou com a notícia de sua volta, era vereador e queria ser candidato a prefeito.

"Dárcio prefeito!", pensou rindo.

Noel olhou para os lados, ninguém prestou atenção, os passageiros estavam sonolentos. A viagem estava cansativa e ele consultou o relógio várias vezes.

"Ficarei escravo do horário de novo. É o preço que pago com a volta."

Chegou ao seu destino às vinte e três horas e foi para um hotel, o que achou de melhor ali perto da rodoviária. Estava muito cansado e queria dormir, tomou um demorado banho e achou delicioso esticar as pernas. Dormiu logo e acordou às dez horas no outro dia. Após o desjejum, foi à rodoviária, não teve que esperar muito: às treze horas estava no ônibus rumo à sua cidade natal. Sentia-se ansioso, mudara, anos na ilha o modificaram para melhor. No começo pensou em se vingar. Planejou muitas vinganças, pensou em sequestrar um filho deles e sumir com o garoto, foram muitas as maldades em que pensara com detalhes. Mas o ódio foi passando e as ideias de vingança também. Foi muito bom ler os livros espíritas, a doutrina de Allan Kardec o fez compreender os ensinamentos de Jesus. E sentir a presença de Gabriel, seu filho, contribuiu para sua mudança. Voltava diferente, Nádia e Carlos não precisariam temer, ele não os prejudicaria.

Sentiu a mãozinha do filho sobre a sua.

"Filhinho meu, amo você!" – pensou e prestou atenção para não falar. "É isso que você quer, não é? Que não tenha mais inimigos. Não quero mais me vingar. Perdoei!"

A sensação da mãozinha sobre a sua sumiu, não sentiu mais o filho, mas tinha a certeza de que Gabriel o acompanhava.

Olhou pela janela, conhecia toda a região, viajara muito e usava sempre aquela estrada. Ia desde garoto à capital com os pais ou com a mãe, depois de mocinho ia até sozinho com o motorista da fábrica, quando tirou a habilitação o fazia só ou com amigos. Conhecia cada metro da rodovia e estava tudo igual. Avistou um sítio, aquelas terras foram de seu pai, quando ele era criança. Aprendera a cavalgar quando ainda era menino e cavalgava por toda a redondeza. Viu, saudoso, a casa em que junto de seus pais passava os finais de semana. Sentiu muitas saudades de seus genitores.

"Onde estarão eles? Estarão bem?" – indagou a si mesmo em pensamento.

Lembrou que um dia, ao sentir Gabriel, perguntou a ele sobre seus pais e o filho respondeu:

"Estão juntos e aprendendo a viver sem o corpo físico."

Noel suspirou: "Queria que mamãe estivesse comigo, que passasse as mãos sobre meus cabelos, me beijasse e dissesse: 'Isso passa, filho, tudo passa!'"

E ele sabia que passava. Os momentos difíceis nos dão a impressão de demorar mais, os felizes, de voar. Só não passa a tranquilidade do bem realizado.

Viajar de ônibus lhe dava uma sensação diferente, podia olhar para os lados, observar tudo e recordar. O ônibus dava voltas. Chegaram à cidade, o coração de Noel disparou, olhava tudo.

— Tudo muda, a cidade também! - exclamou.

Um senhor que estava ao seu lado disse:

— Você tem razão. Esta cidade cresceu muito e está bem bonita. Faz tempo que não vem aqui?

— Uns cinco anos - respondeu.

— Vai encontrar muitas coisas diferentes! – informou o senhor.

O veículo parou, Noel desceu, seu coração continuava disparado. Nunca tinha estado na rodoviária de sua cidade, achou-a limpa e movimentada. Estava emocionado, teve que respirar compassado e esforçou-se para se tranquilizar. Ficou parado por minutos ali perto do ônibus, sentindo-se mais calmo, observou tudo. Viu um antigo colega de escola, que passou por ele apressado, não o reconheceu, não lhe prestou atenção. Lembrou que teve uma briga com ele, agrediram-se, isso porque o chamara de Papai Noel.

"Até hoje não entendo o porquê de meus pais terem me dado esse nome. Falavam que foi porque mamãe não ficava grávida e, numa brincadeira, dissera que ia pedir para o Papai Noel um filho de presente e, por coincidência, ficara grávida e como o meu pai havia dito que gostava do nome Noel, quando nasci, colocaram o nome do lendário velhinho que somente traz alegrias. Vou parar de pensar, chega de recordar. Se ficar aqui parado, vou chamar atenção. Vou telefonar para o Dárcio vir me buscar. Se pegar um táxi dificilmente entro na fábrica, se for empregado novo não me conhece e, se for antigo, estranhará e poderá duvidar que seja o dono. Telefonar? Vou comprar ficha."

Mas foi primeiro ao banheiro. Estava tão ansioso que tremia. Logo em seguida, telefonou ao amigo.

— Dárcio, estou aqui na rodoviária. Dá para me buscar?

— Estarei aí em minutos, me espere.

Ficou na calçada, esperou por dez minutos, que lhe pareceram horas.

"Não posso esquecer que vou estranhar, terei que me adaptar novamente. Vou amar tudo. Vou ficar alegre por estar em casa. Não devo ficar ansioso, mas estou, quero rever a fábrica."

Avistou Dárcio, que desceu de um carro importado, estava muito elegante, bem vestido.

"Está como sempre, eu que estou vestido com simplicidade."

— Noel! Noel! – gritou Dárcio correndo ao seu encontro.

— Dárcio!

Abraçaram-se.

— Seja bem-vindo, amigo!

No começo pensou em se vingar. Mas o ódio foi passando e as ideias de vingança também. Foi muito bom ler os livros espíritas, a doutrina de Allan Kardec o fez compreender os ensinamentos de Jesus.

O regresso

GOSTOU DO CARRO DE DÁRCIO, ENTROU, OBSERVOU e comentou:

— Lindo seu carro! É novo?

— Não conhece este modelo? Acho, meu amigo, que vai precisar se informar sobre os últimos acontecimentos e novidades. Naquela ilha não tem nada disso – Dárcio riu.

— Não esqueça do que combinamos, nada de falar onde estive. O período que fiquei afastado foi muito importante para mim. Leve-me para a fábrica.

— Noel, você tem certeza de que não quer ficar hospedado em casa? Luciana e eu teremos muito prazer em recebê-lo. Você não conhece meus dois filhos, o garoto é esperto como eu, e a menina é linda como a mãe.

— Irei logo conhecê-los, visitar vocês. Dárcio, você é feliz com a Lu? – perguntou Noel.

— Sou, amo minha esposa, combinamos muito e vivemos bem – respondeu Dárcio.

— Estou ansioso para rever a fábrica e quero mesmo ficar no meu antigo apartamento.

Chegaram. Noel se emocionou.

— Quero amar sem apego! – exclamou.

— Como é? – indagou Dárcio.

— Gostar de tudo sem ser possuído, amar sem ficar preso ao que se ama – explicou Noel.

Dárcio riu, não entendeu e pensou: "Tomara que Noel não esteja desequilibrado ou fanático."

O vigia veio abrir o portão, reconhecendo o carro de Dárcio, olhou examinando o acompanhante.

— Boa noite, João! Este é seu patrão, o senhor Noel – anunciou Dárcio. O vigia nem conseguiu responder ao cumprimento, abriu rapidamente o portão. Entraram no pátio.

— Não falei para ninguém que você ia chegar, só a Lu sabe. Será uma boa surpresa! – exclamou Dárcio rindo.

Noel desceu, andou pelo pátio observando tudo.

— Tive que fazer algumas modificações, o progresso exigiu, ampliamos, temos máquinas novas, modernas. Mas seu apartamento está como deixou.

Abriu a porta do apartamento, o primeiro objeto que Noel viu foi um porta-retrato grande com a foto do filho. Olhou demoradamente a fotografia.

— Boa noite, Dárcio. Obrigado por tudo.

— Quer que vá embora? Pensei que fôssemos conversar – disse Dárcio.

— Amanhã conversaremos. Se não se importa, quero ficar sozinho.

— Boa noite! Se precisar de alguma coisa, me telefone. Amanhã cedo estarei aqui – Dárcio se despediu e saiu.

Quando escutou o barulho do carro se afastando, Noel examinou o quarto. Suas roupas estavam no armário, limpas e passadas. Abriu uma gaveta e lá estava seu relógio caríssimo, folheado a ouro e uma chave, pegou-a e abriu uma gaveta, ali estavam vários documentos.

"Parece tudo em ordem. Como se tivesse ido viajar ontem!" – observou.

Abriu a sacola que trouxera, pegou seus livros e os colocou na cômoda perto da foto do filho. Sentou na cama e fez uma oração agradecendo a boa viagem e pedindo a Deus que permitisse que os bons Espíritos o orientassem.

Não estava com sono, saiu para andar pela fábrica, o guarda se aproximou:

— Quer que eu o acompanhe, senhor Noel? O senhor não me conhece, não trabalhava aqui quando foi embora. Sou filho do Manuel, meu pai ainda trabalha aqui, faz vinte e cinco anos. Lembra-se dele? Ele não tem o dedo polegar da mão direita e...

— Claro que me lembro dele e alegro-me que ele ainda esteja aqui conosco. Obrigado, João, não preciso de nada, somente quero ver a fábrica, vou acender algumas luzes e depois apagarei. Volte para seu posto, prefiro andar por aí sozinho.

João sorriu e voltou para perto do portão. Noel foi andando devagar. De cada lugar da fábrica tinha uma lembrança.

"Olhe, meu filho, esta máquina é um fenômeno!" Pareceu que escutava seu pai lhe falando com carinho.

"Não quero recordar, mas olhar, tenho lembrado muito. O passado passou, quero viver o presente e fazer planos para o futuro."

Percorreu a fábrica toda, mas não foi ao escritório.

Foi deitar tarde e demorou a dormir. Acordou com o barulho dos primeiros empregados chegando, trocou rápido a roupa, colocando uma das suas antigas que estava no armário, e foi para o escritório.

— Dárcio, mande alguém me trazer um café. Depois reúna todos os empregados no pátio.

E logo depois estava Noel na frente dos empregados.

— Noel, aumentou bastante o quadro dos nossos funcionários – informou Dárcio.

— A fábrica progrediu com sua administração! – concordou Noel.

Noel se lembrou do seu discurso de despedida, quando falara com rancor e ódio, resolveu ser breve neste.

— Companheiros de trabalho! É um grato prazer rever muitos de vocês e conhecer os novos funcionários. Fiquei muito tempo ausente e volto encontrando tudo bem. Quero agradecer-lhes. Muito obrigado!

— Vai falar somente isso? – indagou Dárcio. – Que discurso rápido! Noel foi abraçar os empregados antigos, conhecia alguns desde menino. Depois foi ao escritório. Dárcio veio junto e perguntou:

— Por onde quer começar, Noel? Que quer ver primeiro?

— A contabilidade – respondeu ele.

Passou o dia vendo papéis, almoçou na cantina da fábrica. À noitinha estava cansado.

— Vamos parar, Dárcio, desacostumei-me desse trabalho, fecho os olhos e vejo papéis e mais papéis. Você, meu amigo, cuidou muito bem de tudo. Obrigado!

— Pelo salário que recebo tinha mais que fazer bem-feito. Eu que agradeço pela confiança, Noel.

Por quatro dias Noel ficou na fábrica sem sair de lá, verificou tudo. No começo teve um pouquinho de medo de encontrar alguma irregularidade. Depois, alegrou-se, pois Dárcio era realmente muito honesto, fiel e competente.

Tomou suas refeições na cantina, pediu que fizessem bastante salada de verduras e legumes frescos, e três vezes por semana peixes. Nesses anos não comera carne a não ser peixes e decidira não se alimentar mais de carnes. Pediu à secretária para pegar na biblioteca municipal livros sobre animais, que tivessem pesquisas sobre tartarugas. Achou logo o que queria. Mané tinha razão, Tortugo era macho. Sentiu saudades do casal de tartaruga, das aves, da ilha. Ia dormir cedo, às vinte horas já estava na cama e levantava-se de madrugada, às cinco horas já tinha tomado banho, barbeando-se e ia para a cozinha fazer o seu café. Sabia que demoraria um pouco para acordar mais tarde e não ter sono tão cedo.

"Terei que mudar meus hábitos!"

Continuou fazendo suas orações ao se levantar e à noite, quando lia textos do *Evangelho*.

No quinto dia, um domingo, foi visitar Dárcio e almoçar com sua família. Moravam numa casa bonita, Luciana o abraçou emocionada.

— Quis ir à fábrica lhe dar as boas-vindas, mas preferi não incomodar. É muito bom revê-lo!

Luciana estava muito bonita e o casal de filhos deles era lindo e educado. Foi muito gostoso para Noel passar o dia com os amigos.

— Então, Dárcio, você quer entrar para a política? - perguntou Noel.

— Já entrei, amigo, sou vereador e candidato a prefeito - respondeu Dárcio.

— Noel, eu admiro o idealismo de Dárcio e tenho apoiado. Para ser político tem que gostar. Mas preferiria que meu esposo não se envolvesse na política, que não fosse candidato – queixou-se Luciana.

— Lu está chateada porque tem tido muitos falatórios – contou Dárcio.

— Calúnias, isso sim! – exclamou Luciana. – Estão falando que Dárcio o roubou, desviou dinheiro da fábrica e que tudo ia ser descoberto quando você chegasse.

— Já tive que mostrar meu holerite, publicá-lo até no jornal. Aí falaram que ganho bem demais, que fui eu quem determinei meu salário. Isso é triste! Desejo fazer muitas coisas boas para esta cidade – Dárcio se empolgou.

— Somos econômicos, com o ordenado de Dárcio compramos esta casa e uma chácara. Também tenho meu salário, embora pequeno, dá para minhas despesas particulares. Leciono no período da tarde – comentou Luciana.

— Não se preocupem com esses falatórios. Eu desmentirei – tranquilizou-os Noel.

— Fará isso? – indagou Dárcio.

— Vamos marcar uma entrevista e, se possível, para amanhã. Falarei com o pessoal do jornal, rádio e também irei aos seus comícios – comprometeu-se Noel.

— Viva! Já ganhei! Obrigado, Noel! – Dárcio o abraçou.

— Obrigado a você, Dárcio. Amigo é um tesouro precioso e eu o tenho. É com orgulho que digo, que chamo você de amigo!

E deu a entrevista elogiando Dárcio, falou de sua competência, honestidade e ainda lhe agradeceu.

Os repórteres queriam saber onde ele esteve e o que fizera no período em que esteve ausente. Noel respondia sem dar detalhes.

— Em muitos lugares.

— Que lugar mais gostou? – quis saber uma moça.

— De uma ilha.

— A Grécia.

Noel sorriu.

— Muitas mulheres? Alguma especial? – perguntou um rapaz.

— Sim, uma muito especial. Quero dizer aos meus amigos que foi muito proveitosa essa viagem, aprendi muito, amadureci, encontrei a paz e sou feliz.

Eles queriam saber mais da viagem, mas Noel voltava ao assunto: Dárcio. E tudo deu certo. Foi um sucesso e com resultado positivo para a campanha do amigo.

Na terça-feira, saiu para passear na cidade. Abraçou amigos e conhecidos. Muitas coisas tinham se modificado. Ali fizeram uma praça, asfaltaram ruas etc. Andou a pé pelo centro. Viu de longe a loja esportiva de Carlos.

Quando voltou à fábrica, indagou Dárcio:

— Você vai me abandonar? Deixará o emprego?

— Você não precisa de mim aqui, Noel. Vou me licenciar para trabalhar na campanha. Não irá se importar, não é? Se não ganhar, volto; se for eleito, quero me dedicar à prefeitura e ser o melhor prefeito que esta cidade já teve.

— Dárcio, como estão Nádia e Carlos?

— Vivem juntos, ele ainda tem a loja de roupas esportivas, Nádia trabalha com ele. Têm dois filhos, Samuel e Vinícius. Samuel é muito parecido com Gabriel.

— Samuel era um dos nomes que tínhamos escolhido quando Nádia estava grávida. Eles são felizes?

— Não sei. Carlos teve muitas dificuldades financeiras

depois da tragédia. Quase toda a cidade ficou contra eles. Nádia até foi agredida na rua. Você ainda pensa em se vingar dele?

— Não. Quero viver em paz. Sofri, passou, esqueci e não guardo mágoas.

— Ainda bem. Vingança é uma faca sem cabo, pode ferir o outro, mas corta quem a segura. Ninguém é feliz quando guarda mágoa – opinou Dárcio.

— Vou pegar meu carro e passear por aí. Ele está em ordem? – indagou Noel.

— Antes de você voltar, mandei-o para uma revisão, está em ordem e com o tanque cheio – informou Dárcio.

Fazia tempo que Noel não dirigia; entrou no carro e ficou minutos olhando-o, tinha história aquele veículo. Tudo tem. Lembrou-se de quando o comprou, os comentários, passeios, mas não queria recordar. Dirigiu sem dificuldades e foi ao cemitério. Gabriel fora enterrado com os avós, num túmulo bonito de mármore. Encontrou-o limpo e com flores. Noel se emocionou:

— Restos mortais! É só isso que tem aqui!

Falou alto, verificou rápido olhando para os lados, não viu ninguém, não queria que o escutassem falar sozinho.

Orou por minutos e voltou para o carro. Foi a muitos lugares, reviu a cidade toda e voltou à fábrica.

— Obrigado, Dárcio, por ter cuidado do túmulo de meus familiares, encontrei-o limpo e com flores.

— Não fui eu, Noel. Sinceramente, não me lembrei de fazer isso.

— Então, quem cuida dele? – perguntou Noel curioso.

— Nádia – respondeu Dárcio.

"Nádia!", pensou Noel. "Por que estranho? Gabriel era também filho dela, como mãe deveria amá-lo. Nunca pensei que minha ex-esposa tenha sofrido por ele, que tenha sentido sua desencarnação. Sofri e só vi meu sofrimento, ela deve ter sofrido também."

— O remorso!

— Que disse, Dárcio?

— Noel, você não escutou o que disse? Estava distraído? Disse que o senhor Ramon sentiu muito não ter comprado naquela época o terreno do fundo da fábrica. Ele me afirmou que sente remorso – repetiu Dárcio.

"Remorso!", pensou Noel. "Além de ter sofrido como eu, Nádia deve ter tido remorso, e esta dor é bem pior, dolorida. Tem o 'talvez', o 'se' para atormentá-la. Deve pensar: 'Se não tivesse pedido à babá para fazer o almoço, ela teria olhado Gabriel. Talvez se eu tivesse ficado com ele, meu filho não teria ido à garagem sozinho. Se não tivesse me envolvido com outro etc.' Será que Nádia sentiu tudo isso? Será que sofreu com remorso? Não devo mais pensar nela."

— Terreno? Que tem o terreno? – perguntou Noel.

— Você notou, Noel, que a fábrica está num lugar privilegiado?

A cidade cresceu por esses lados. O terreno no fundo é grande. O outro candidato a prefeito tem planos, se ganhar, de desapropriá-lo e fazer um loteamento. Ele está dizendo agora que sou candidato a seu mando, para impedir que isso aconteça.

— Acho que Luciana tem razão! É muito falatório! Que calúnia! – Noel se aborreceu.

Mudaram de assunto, tinham muito que resolver no

escritório. Dárcio estava treinando um jovem advogado para ser secretário de Noel.

— Marcos está conosco há doze anos. Começou como office boy, é filho de um empregado antigo. É inteligente, esforçado, custeou seus estudos trabalhando, formou-se no ano passado. Acredito que seja de confiança.

— Quero lhe dar uma missão, chame-o aqui para conversar comigo – pediu Noel.

Quando ele chegou, Dárcio ia se retirar, Noel pediu:

— Fique, Dárcio, embora seja confidencial, quero que você escute. Marcos, quero que você vá a um certo lugar para mim. É uma vila, um lugarejo distante, onde a maioria dos habitantes é de pescadores. Você fará o seguinte...

Deu todas as ordens para Marcos e finalizou:

— Deve partir na segunda-feira e exijo segredo. Prepare-se para viajar. Vá de avião.

Marcos saiu e Dárcio o indagou:

— Por que isso? Não é tarefa do governo fazer isso?

— Não quero falar mal dos políticos, não depois que você se tornou um – Noel sorriu. – Eu tentei, escrevi para o governador, telefonei e nada, ninguém se interessou, então, faço eu.

— Centro espírita envolvido nisso? Você é espírita? – perguntou Dárcio.

— Sou – respondeu Noel. – Conheci a doutrina espírita por uns livros e me encantei com seus ensinamentos raciocinados, coerentes e justos. Tenho amigos lá naquela vila, quero lhes dar mais conforto. Marcos irá lá, comprará um terreno, deixará tudo pago e o material entregue para que eles mesmos façam um posto de saúde. Pagará até o salário deles. Eu enviarei todo mês dinheiro para que o centro espírita da cidade vizinha pague um médico para ir até lá atendê-los uma vez por semana. E também dinheiro para que comprem os remédios, porque não basta o médico diagnosticar, precisam de remédios. Marcos também irá comprar materiais escolares para a pequena escola. Daqui a três meses, ele voltará para supervisionar; quero esse posto de saúde pronto logo. Dárcio, se eu morrer, quero que continue enviando todo mês essa quantia para o centro espírita para que eles paguem esse profissional.

— Que é isto? Pensando em morrer? – Preocupou-se Dárcio.

— Não, estou pensando em viver. A vida continua, meu caro amigo. Vivemos em fases, ora lá, ora aqui. Não se preocupe, não penso em desencarnar, isto é: ter meu corpo físico morto. Foi só um pedido.

Sentiu saudades dos amigos de lá, eram pessoas simples e desinteresseiras e pensou muito em Maria Inês, de seu jeito meigo, tranquilo. "Será que a jovem professora iria gostar de viver aqui?"

Foi jantar num restaurante com Dárcio e comeu saladas, arroz e feijão.

— Você não vai mais comer carnes? – perguntou o amigo.

— Não pretendo. Alimentar-se de verduras, legumes e frutas faz muito bem à saúde. Nestes anos me alimentei assim e estou sadio, até para os dentes faz bem, fui hoje ao dentista e só tinha duas pequenas cáries – respondeu Noel.

Saiu do restaurante, deu uma volta de carro e, de repente, viu um centro espírita. Estava aberto e umas pessoas chegavam. Noel parou, desceu e pensou:

"Deve ter alguma atividade, vou entrar."

O local era simples, um salão. Noel entrou e sentou-se no canto direito. Era dia de palestra e passes. Uma senhora iniciou com uma linda oração e o orador convidado falou sobre o perdão. Leu um texto de *O Evangelho segundo o espiritismo*, o capítulo 12: "Amai os vossos inimigos", que Noel conhecia muito bem e do qual gostava muito. Prestou muita atenção ao que o palestrante falava. Estava emocionado. Eis alguns trechos:

— Aprendemos que devemos perdoar sempre e também pedir perdão. Temos que viver como cristãos, e, como tal, não precisar pedir perdão por não ofender ninguém. Feliz aquele que já vivencia este conceito: 'Não tenho necessidade de pedir perdão porque não ofendi, não maltratei, nada fiz de mau a um irmão.' E que nenhum mal venha nos ofender. Compreendendo, amando, perdoamos sem mesmo nos pedir perdão. Podemos até ser prejudicados, mas não derrotados pelo mal. Vocês já notaram que quando nos sentimos ofendidos é porque quase sempre recebemos golpe no nosso orgulho? O orgulho tão difícil de ser vencido. Ao sermos ofendidos, pensamos: Isso é desaforo! Devo reagir! Não merecia isso! E, às vezes, pensamos em nos vingar. E, quando conseguimos perdoar, não devemos achar que somos vítimas. Coitadinho de mim! Sou vítima! É que temos a tendência de ver só que o recebemos, o que nos fizeram. E eu? O que eu fiz? Será que não tenho necessidade também de perdão? Não ofendi? Revidei o desaforo? Quando ainda não vencemos o orgulho é que sentimos necessidade de que nos peçam perdão. Perdoar sim, pedir perdão também, e viver sem necessitar dos dois é aquele que compreendeu os ensinos do mestre Jesus e que caminha a passos largos para o progresso.

Quando terminou, Noel ficou para conversar com algumas pessoas que conhecia, ficou sabendo dos horários de atendimento da casa. Despediu-se deles com carinho e decidiu que iria frequentar as reuniões daquele grupo. Foi para seu apartamento na fábrica e se pôs a pensar na palestra.

Sempre se achou vítima. E o palestrante tinha razão, seu orgulho o fizera sentir os desaforos. Não quis dar a separação para Nádia, queria ela e Carlos longe da casa que fora de seus pais, achou que era desaforo eles serem felizes enquanto ele sofria. E como teve pena dele mesmo. Era a vítima, e como usou isso. Depois, achou-se importante porque perdoou. Tinha que aprender a amar de modo certo e verdadeiro como Jesus nos ensinou. E amar é não precisar perdoar, não se fazer de vítima e compreender o errado. E esse amar é extensivo a todos. Porque somos todos irmãos, filhos de Deus, nosso Pai Amoroso.

E começou a ir a todas as reuniões de estudo e palestras.

Marcos chegou eufórico da viagem por ter feito o que Noel havia pedido e por ter dado tudo certo.

— Senhor Noel, o pessoal gostou demais e, quando contei que era presente do Papai Noel, eles riram. A professora até chorou. Perguntaram pelo senhor. Ficaram contentes ao saber que está bem, eles lhe querem muito. Não seria mais fácil o senhor dar uma quantia de dinheiro para cada um deles?

— Marcos, ao ajudar alguém é sábio fazê-lo do melhor modo possível. Talvez acontecessem algumas desavenças se eles recebessem dinheiro sem ter estrutura para gastar. Poderiam brigar por achar que um merecia mais do que outro e ofender algum se me esquecesse dele, além de despertar a cobiça em um deles ou de pessoas de fora e haver roubos. Outro, achando que com o dinheiro deveria sair dali, ir para a cidade grande etc. E em vez de lhes dar felicidade, daria dificuldades. Um posto de saúde e um médico para atendê-los é para todos, a escola com mais materiais é para a educação de todas as crianças e até dos adultos.

— Tem razão, senhor Noel. Quem é acostumado a ter pouco pode se embaraçar com muito.

— Não seria muito para nós, mas para eles sim – concluiu Noel.

Voltou a pensar em Maria Inês. Sentiu saudades dela, dos amigos da vila. Aos poucos, porém, acostumava-se ao ritmo da nova vida na cidade. Devido às reuniões do centro espírita, dormia mais tarde e já não acordava tão cedo.

Foi no sábado a um encontro de políticos. O salão estava lotado, muitas pessoas, mulheres, e Noel se viu alvo da festa. Foi paquerado por muitas solteiras e até por algumas casadas. Isso o entristeceu.

"Isto porque sou rico! Consideram-me bom partido!" – pensou aborrecido.

Logo que foi possível, despediu-se e dirigiu-se para a fábrica, ainda continuava morando lá. Dárcio o aconselhou que se mudasse para uma casa, mas preferiu ficar ali. Foi direto para seu apartamento. Quando chegou, sentou-se na cama e pensou em Maria Inês. A doce Maria Inês, iria se acostumar nesta cidade? Seria feliz? Não saberia se vestir, até seus conhecimentos de professora aqui seriam considerados pequenos, quase semianalfabeta. Não, não acho que seria feliz. Estaria longe dos familiares, do rio que ama, da escola a que tanto se dedica. Faria amigos? Não saberia conversar, seria alvo de piadas e sentiria. E talvez eu não lhe bastasse. Só eu? Não seria amada e sentiria falta de amor. Com meu trabalho não teria tempo de me dedicar muito a ela. Mas poderíamos ter filhos, que seriam morenos como ela. Quero ter outros filhos."

"Papai!"

"Gabriel! Que bom senti-lo, ouvi-lo!"

"Posso dar minha opinião?" – pediu Gabriel.

"Claro que sim!" – exclamou Noel.

"Deixe Maria Inês na vila. Ela é feliz. Ama você sim, mas esquecerá. Por que isso agora? Quando estava lá, nunca ligou para ela, não deu motivos para que alimentasse esse afeto."

"Acho que quero ser amado!" – Noel suspirou.

"Há tantas formas de amar! Se quer se casar novamente, por que não espera mais um pouco? Deixe acontecer. Se você não ama Maria Inês, não poderá fazê-la feliz."

"Acho que não vou confiar em mais ninguém."

"Só porque foi cobiçado na festa? Papai, você é muito bonito, inteligente e agradável" – Gabriel sorriu.

"Rico!"

"Acho que não é numa festa como desta noite que achará uma pessoa afim. Não tenha pressa. Boa noite!"

Sentiu o beijo do filho em seu rosto.

— Sou médium – concluiu Noel – e devo trabalhar para o bem com a mediunidade. Recebo tanto podendo sentir meu filho, já é tempo de fazer algum bem a outros com essa faculdade. E, para fazer benfeito, com segurança, devo aprender. E vou ter esses conhecimentos!

Noel sorriu ao escutar sua própria voz. Tinha parado de falar sozinho, mas às vezes ainda o fazia. Resolveu não procurar Maria Inês, ela era uma flor delicada, joia preciosa que ali seria vista como uma simples folhagem, uma bijuteria. Quem não sabe ver pela alma, deixa de sentir, desfrutar de muitas coisas, do carinho de pessoas autênticas e bondosas. E a meiga professorinha deveria, merecia ser amada. E... estava decidido, nem ela nem outra por enquanto.

Noel dormiu tranquilo. Mas logo acordou com o guarda chamando-o.

— Senhor Noel, telefone.

Assustou-se, pulou da cama. Não tinha telefone no seu apartamento.

— Quem é? – perguntou Noel.

— Não quis dizer, disse que é urgente – respondeu o guarda.

Foi ao escritório, atendeu, era uma mulher.

— Sou Natália, conversei com você na festa. Queria estar com você mais um pouco, desfrutar de sua presença. Está sozinho? Não quer companhia?

— Você me acordou! Desculpe-me, mas não quero companhia. Boa noite!

Desligou. O guarda estava ao seu lado, deu um sorriso.

— João – ordenou Noel –, não deixe nenhuma mulher entrar aqui e não me chame mais se for voz feminina ao telefone. Para me acordar, só se for urgente ou o Dárcio. Entendeu? Transmita essa ordem para os outros guardas. Não sei quem é essa Natália. Que coisa! Boa noite!

Resmungou e voltou a dormir.

Começaram os telefonemas de mulheres atrás de Noel e ele deu ordem à secretária para que somente passasse as ligações se fossem de negócios e identificadas. Não queria, por enquanto, envolver-se com ninguém e, quando o fizesse, seria mais cuidadoso. Nada de pessoas interesseiras.

♥

Compreendendo, amando, perdoamos sem mesmo nos pedir perdão. Podemos até ser prejudicados, mas não derrotados pelo mal.

Na represa

DÁRCIO AFASTOU-SE DO TRABALHO E PASSOU A DE-dicar-se somente à sua campanha. E os seus adversários usaram o terreno da fábrica para difamá-lo. Noel sentiu pelo amigo e chamou-o para conversar.

— Dárcio, estou aborrecido com essa calúnia.

— Confesso que eu também, gostaria de ter adversários honestos – disse Dárcio, triste.

— Chamei-o aqui porque vou fazer o que seus adversários querem. Vou doar esse terreno! – decidiu Noel.

— O quê? Você ficou louco? – Dárcio assustou.

— Vou fazer o seguinte: deixarei uma boa área em volta da fábrica para o caso de aumentá-la no futuro. Nos fundos à direita, você, como prefeito, abrirá ruas, fará esgotos etc.; e os lotes serão vendidos a preços irrisórios para os empregados da fábrica, certamente que eles pagarão pelas benfeitorias que a prefeitura fizer. A parte esquerda você fará a mesma coisa com convênio com algum banco e a população comprará. Será um excelente bairro. Porém, você se comprometerá em construir uma creche grande, uma escola de um quarteirão com quadras de esportes, e um terreno será para o meu grupo espírita.

— Muito bem! Mas teremos problemas.

— Quais? - perguntou o dono da fábrica.

— O que você, meu amigo, ganhará com isso? - indagou Dárcio.

— Ficarei com alguns terrenos sem pagar as benfeitorias - respondeu Noel.

— É justo! Como isso será feito?

— Faremos um acordo. Se você ganhar, o contrato terá valor, assinaremos com testemunhas, firma reconhecida etc.

— O problema maior: você, meu caro Noel, é casado. Esqueceu disso? Não pode fazer isso sem a assinatura de Nádia - lembrou Dárcio.

— Faça o contrato, Dárcio, e me avise quando estiver pronto.

— Se é para ser urgente, será. Amanhã estará pronto.

De fato, no outro dia, logo pela manhã, Dárcio veio lhe mostrar.

— Dárcio, quero que esta quadra seja de Nádia. Pergunte ao cartório se podem me ceder por minutos uma sala deles. Marque um horário à tarde. Vou marcar um encontro com Nádia lá. Espero que ela assine.

— Noel, ainda tem tempo para pensar. Não tem dó de se desfazer dessa área? Devo ganhar as eleições, mas, se não fizer, não tem importância.

— Dárcio, você já notou que a fábrica está bem centralizada? Claro que já! Este terreno em volta está impedindo a cidade de crescer desse lado. E estamos pagando muito imposto por isso. Vou ganhar mais tendo esses lotes do que vendendo o terreno todo. Fazendo assim, será bom para os empregados e para a população.

— Obrigado, Noel! - Dárcio se comoveu.

Com o horário marcado no cartório, Noel telefonou para Nádia.

Quando se identificou, notou que a voz dela tremeu.

— Nádia – pediu Noel educadamente – quero... preciso conversar com você num lugar neutro. Por favor, esteja às 15 horas no cartório.

— Irei – respondeu Nádia.

Antes das 15 horas, Noel estava lá, e como Nádia atrasou, achou que ela não iria. Fazia quatro meses e meio que regressara e ainda não a tinha visto. Nádia veio, estendeu a mão cumprimentando-o e se desculpou pelo atraso. Noel a conduziu para a sala e ficaram a sós. Olhou-a, por momentos nem um dos dois disse nada. Noel achou-a linda. Estava como antes, pareceu-lhe que os anos não passaram para ela, com os cabelos bem penteados, vestia-se com simplicidade e estava muito elegante. Nádia o olhou:

— Quer falar comigo, Noel?

A mesma voz. Noel sentiu que o afeto que nutria por ela não acabara como pensara. Talvez não a amasse com a paixão de antes, mas poderia amá-la novamente. Olhou-a nos olhos, estavam diferentes, não eram mais zombeteiros, achou-os tristes.

— Nádia, voltei querendo paz. Você naquela época queria a separação, eu não quis, acho que devemos oficializá-la agora, sem brigas ou rancores.

— Você não me odeia mais? – perguntou Nádia.

— Não! Mágoas ficaram no passado – Noel respondeu e resolveu ir direto ao assunto. – Nádia, quero lotear o terreno dos fundos da fábrica e para isso preciso de sua assinatura.

— Assino sim. Noel, não quero nada do que é seu!

— Obrigado, Nádia. Vou contratar um bom advogado da capital para fazer bem rápido nossa separação e, aí, você poderá se casar com Carlos.

— Noel, você me amou de verdade?

— Creio que sim – respondeu Noel em voz baixa. – Foi uma pena não ter conseguido fazer com que você me amasse.

— Como assim?

— Você amou Carlos.

— Acho que me iludi, pensei na época que amava Carlos. Sempre amei você, Noel. Ainda o amo! – exclamou Nádia ofegante, suas faces ficaram vermelhas.

Silêncio. Noel pensou: "Se quisesse me vingar, esta seria uma grande oportunidade. Nem nos meus planos de vingança, tempos atrás, imaginei isto. Nádia estará sendo sincera? Ou arrependeu-se por ter perdido financeiramente? Carlos não é pobre, mas, comparando-o comigo, sai em desvantagem. Sou o homem mais rico da região. Se quisesse me vingar, seria só aceitar seu suposto amor, fazê-la trair Carlos, que receberia de volta o que fez a mim. Faria Nádia abandoná-lo e, depois que todos soubessem, era só deixá-la. E ela não ficaria nem comigo nem com Carlos. Mas poderia amá-la de novo. Mas a vingança, como disse Dárcio, é uma faca sem cabo. Não quero me vingar! Não estou nem tentado!"

— Nádia, quero a separação! Amei você, não a amo mais. Acho que você está iludida agora. Cuidado para não achar que ama o que não tem. Cautela! Carlos é seu marido e vocês têm dois filhos. Talvez, por terem enfrentado tantas dificuldades, o relacionamento de vocês esteja abalado. Porém, é a Carlos que ama, pelo menos deveria amar. E seja boa mãe, você tem filhos que merecem ter o pai junto deles.

Nádia ficou branca, falou baixinho:

— Onde assino?

— Vou chamar as testemunhas.

Noel chamou duas pessoas que estavam no cartório, pediu para testemunharem e Nádia assinou o documento. Despediu-se friamente e foi embora.

— Pronto, Dárcio, divulgue e lembre-se, isso somente acontecerá se você for o prefeito!

À noite só comentavam isso pela cidade. Chegaram até a perguntar a Noel, dois empregados foram até sua sala e ele afirmou:

— É verdade! Vocês estão contentes? Todos os funcionários ganharão terrenos. A escolha será por sorteio. Tiraremos de uma caixa o nome dos funcionários e estes escolherão os lotes. Mas isso... só se Dárcio ganhar.

— Vou ser cabo eleitoral dele! Ah, se vou! – afirmou um deles, entusiasmado.

No outro dia cedo, a secretária veio anunciar:

— Senhor Noel, o senhor Carlos está aqui e quer lhe falar.

— Que Carlos?

— O da dona Nádia.

"Que será que ele quer? Vou recebê-lo", pensou Noel.

— Mande-o entrar.

— Quer que chame a segurança? – indagou a secretária.

— Claro que não!

Noel fechou a porta, Carlos entrou, respondeu ao cumprimento de cabeça do dono da fábrica e hesitou em sentar.

— Quer falar comigo? – perguntou Noel.

— Quero saber o que falou com Nádia, ela chorou muito ontem – respondeu Carlos.

— Ela não lhe contou?

— Disse que assinou um documento para você lotear a área dos fundos da fábrica e que lhe dará a separação. O que você quer de fato, Noel? Já não se vingou o suficiente? Voltou para nos prejudicar? – Carlos, preocupado, olhou para Noel.

"Vingar o suficiente?" – Noel sentiu o impacto destas palavras. Nunca pensara que Carlos e Nádia se sentissem vítimas, alvo de vingança. Respondeu tranquilamente.

— Não, Carlos, voltei para continuar minha vida no ponto que larguei, para cuidar de tudo que me pertence. Não quero me vingar!

— Você já o fez bastante! Não tivemos culpa se Nádia e eu nos apaixonamos, não temos culpa de nada! Talvez tenhamos abusado querendo parte de sua fortuna, da qual imaturamente achávamos que tínhamos direito. Nádia sofreu muito com a morte de Gabriel e eu também. Foi um acidente! – Carlos falou depressa.

— Sei disso!

— Mas acusou-me! Você tramou de tal forma o ocorrido, que Nádia nem podia sair nas ruas que era insultada, chamada de mãe cruel. Tive que responder em tribunal. Quase fui à falência. Por isso vim aqui, Noel, quero olhar nos seus olhos e ver se há ódio neles. Não tenho medo de você, embora saiba que você pode acabar comigo.

Noel se comoveu, entendeu que egoisticamente costumamos nos lembrar do mal que recebemos e dificilmente do que fazemos. Carlos tinha razão, ele havia feito tudo aquilo. Ergueu o corpo na escrivaninha, ficou mais perto de Carlos, olhou-o nos olhos e disse:

— Carlos, não quero mais vingança! Sinto muito por tudo.

Você e Nádia receberam o retorno de suas ações. Feriram-me e eu, naquele momento, revidei. Agora não faria mais o que fiz. Perdoei-os e peço-lhes que também me perdoem.

— Está sendo sincero? – perguntou Carlos.

— Sim, estou sendo sincero.

— Não preciso temê-lo?

— Não deve!

— Por que Nádia chorou? – indagou Carlos.

— Não sei, talvez de alívio. Espero não ter sido porque ela assinou o documento. Deixei um quarteirão para ela – respondeu Noel.

— Não queremos nada do que é seu. Não é justo!

— Já está feito. É dela, se não quiserem, que doem. Mas deveriam aceitar.

— Não quero incomodá-lo mais. Vou embora – despediu Carlos.

Noel abriu a porta. A secretária e dois seguranças estavam no corredor. Ele estendeu a mão para Carlos e disse:

— Carlos, obrigado pela visita. Foi muito bom conversar com você.

— É... obrigado!

Carlos balbuciou, apertou a mão estendida e foi embora. Noel fechou a porta, sentou-se numa cadeira e pensou em Carlos.

Eram um pouco parecidos, a mesma altura, formato de nariz, modo de sorrir. Ironia? Ou uma coincidência infeliz?

"Não sei por que, mas ele me lembra meu pai!"

Dárcio lhe disse que uma noite Carlos tinha brigado com dois rapazes porque eles disseram que se parecia com ele. Levou uma surra.

"Amo-o, papai! Amo-o muito!"

"Gabriel!" – exclamou Noel emocionado.

"Reconciliou-se!" – alegrou-se o filho.

"É verdade, meu filho! Hoje foi um dia importante para mim, ontem também. Tive oportunidade de me vingar, não o fiz e me reconciliei", disse Noel.

"Você lhe pediu perdão!"

"Gabriel, eu os fiz sofrer e não havia percebido o tanto."

"Tchau, papai! Estou alegre por você! Fez que o deveria fazer."

Noel sentiu uma paz, uma alegria tranquila, riu, teve vontade de pular e o fez pela sala.

"Vingança nenhuma me deixaria alegre! É tão bom ficar em paz! Ninguém fica realmente contente ou se sente feliz por se vingar. O que sinto nesse instante é paz que traz a felicidade verdadeira. Vingar-se é muito mesquinho. Se eu tivesse continuado a me vingar e ver em Carlos e Nádia meus inimigos, estaria inquieto, inseguro e ferido. Muito ferido, porque a faca sem cabo teria me machucado bastante. Não ter inimigos, rancor, mágoas, é esvaziar o coração e dar espaço a bons sentimentos. Sou feliz!"

Sentou novamente e orou, agradeceu a Deus por estar tão bem.

Telefonou para Dárcio.

— Meu amigo, quero financiar sua campanha. Quero que compre jogos de camisas, materiais esportivos, como bolas etc., para distribuir para a garotada pobre. E não faça economia, compre bastante.

— Não precisa, Noel, já estou eleito! Nas pesquisas, estou estourado na frente – informou Dárcio.

— Eu quero, Dárcio, que compre tudo na loja do Carlos.

Dárcio silenciou por segundos, depois perguntou:

— Tem certeza?

— Absoluta! E peço-lhe que, como prefeito, compre todos esses materiais esportivos na loja dele.

— Farei já essa compra e darei à meninada pobre! – decidiu Dárcio.

Noel desligou e chamou a secretária.

— Dona Marli, quero que faça os funcionários saberem que não tenho nada contra o senhor Carlos e dona Nádia, e que é do meu agrado que comprem na loja deles.

Ela abriu a boca, não falou nada e saiu.

Naquela noite Noel ficou, após a palestra, conversando com a equipe do centro espírita.

— Vejo Espíritos, ou melhor, um deles, e conversamos sempre. Acho que sou médium e quero aprender a ser útil com a mediunidade – disse ele.

— O senhor tem muitos conhecimentos doutrinários – observou uma senhora.

— Li, por muitas vezes, os livros de Allan Kardec – contou Noel.

— O senhor é formado, é engenheiro, e isso facilitou a compreensão deles – disse a mesma senhora.

— A doutrina espírita é para ser compreendida por todos – concluiu o senhor que atualmente dirigia e administrava aquele centro espírita.

— Quanto mais raciocinamos, mais entendemos a doutrina – opinou outra senhora.

— Recomendo a todas as pessoas que queiram ser úteis com a mediunidade que façam o que o senhor está fazendo:

lendo bons livros, estudando os de Kardec e frequentando nossas aulas de estudo – disse o dirigente.

— O senhor é útil, faz o bem, é bom administrador! – exclamou um senhor.

— Administrador? – perguntou Noel admirado.

— Dos bens de Deus – explicou o senhor. – É um patrão justo e bom. Tenho um filho que trabalha na sua fábrica, ele gosta muito de lá, do senhor, e está feliz, porque vai ganhar um terreno. Tudo que é matéria, senhor Noel, aqui fica, só as nossas boas obras nos acompanham. A expressão "Deus lhe pague" tem força, são palavras poderosas que trazem a quem as recebe e fazem jus, muitos benefícios. Desde que o senhor veio aqui pela primeira vez que quero lhe dizer que é bem-vindo entre nós e que tem muitos "Deus lhe pague" na sua bagagem.

Noel sorriu, conversaram mais um pouco e foi embora. Sentou-se numa poltrona no seu apartamento e ficou pensando sobre o que a senhora lhe dissera: sobre ser administrador.

Sentiu-se envergonhado, não foi bom administrador, para ele não fazia diferença ter ou não bens materiais. Poderia continuar vivendo na ilha e bem tranquilo, sem problemas. Porém, problemas e dificuldades fazem parte de nossa vida e não é certo fugir deles ou ignorá-los como se não existissem. Seu lugar era ali, cuidando de uma partezinha dos bens do Pai Maior. Não fazia diferença, para ele, ser proprietário ou não da fábrica, mas esqueceu de que ela era geradora de empregos e para os empregados fazia diferença. Ele não tinha o direito de abandonar tudo como tinha feito, achando que somente ele sofria na Terra. Pensou:

"Ainda bem que Dárcio tomou conta de tudo muito bem.

Era um exemplo a ser meditado. Foi honesto administrando algo que não era dele. Sei que Dárcio poderia ter me tirado tudo, passei-lhe uma procuração dando-lhe esses poderes. Com lealdade, ficou em meu lugar. Tudo é de Deus e, quando o Pai dá a administração para um de seus filhos, este deve fazer como Dárcio, ser fiel, honesto, trabalhar e entregar, após terminar a tarefa do melhor modo possível, ao seu legítimo proprietário. Confundi administrar com possuir. E o bom administrador deve cuidar do que é de Deus em benefício de outros filhos Dele. Ter riquezas materiais não é errado, tampouco não tê-las significa ser bom. O certo é saber ter ou não. Ser rico e apegado a esses bens, achar-se dono, é correr o risco de ficar preso a eles; se não tiver nada, for pobre e sentir o imenso desejo de ter, já é ser prisioneiro da vontade de adquirir. Por que não pensei nisso antes? Vou de agora em diante cuidar do que Deus me concedeu, esforçar-me para fazer bem-feita essa tarefa, ser justo, honesto e bom. Quem sabe ter, sem ficar apegado, pode administrar, fazer o bem como um legítimo proprietário."

Foi dormir. No outro dia, telefonou para o advogado, o mesmo que fizera seu testamento. O profissional não podia atendê-lo de imediato. Combinaram que logo após as eleições, ele viria fazer seu divórcio. Noel preferiu um advogado de outra cidade para evitar falatórios.

Marcos era competente, Noel gostou dele e pediu que fosse novamente à vila supervisionar a construção do posto de saúde. Ele voltou dizendo que tudo estava em ordem, logo ficaria pronto.

— E a professora? – perguntou Noel.

— Não a vi, mas perguntei por ela a um aluno e o garoto

me disse que dona Maria Inês está bem e contente com o material recebido.

Dias depois, Luciana entrou no escritório com um vaso de flores.

— São para você, Noel. Eu lhe devia isso desde que chegou.

— Obrigado, Luciana! São lindas! Vou colocá-las aqui. Como está Dárcio? As crianças?

— Estão bem. Noel, você não vai refazer sua vida? Vai continuar morando aqui? – perguntou Luciana, mudando de assunto e falando rápido.

— Refazer minha vida? Acho que não preciso refazer nada – respondeu Noel dando um risinho. – Por enquanto vou continuar morando aqui, não sinto vontade de mudar.

— Sei que há muitas mulheres atrás de você.

— Vou saber escolher melhor da próxima vez – disse ele.

— Noel, você se lembra do tempo que namoramos? Combinávamos tanto! Tenho saudades!

Noel ficou alerta, olhou bem para Luciana e sentiu perigo, viu em seus olhos que ela o amava ou pensava amá-lo. Nesse momento o telefone tocou, era Marli, que lhe perguntou algo qualquer a que ele respondeu. Pensou rápido como deveria agir e disse calmamente:

— Lu, nós nos conhecemos quando éramos garotos, tivemos um namorico na adolescência e nos acostumamos um com o outro e isso nos levou a namorar na juventude. Não gosto de pensar no passado. Foi bom enquanto durou. E acho que namoramos mais do que deveríamos. Não nos amávamos, eu só lhe queria bem. Você estava iludida quanto aos seus sentimentos, tanto que se apaixonou por Dárcio e se casou. E foi uma ótima escolha! Não poderia ter escolhido melhor. Vocês se amam, formam um casal maravilhoso e você é a mulher ideal para o nosso futuro prefeito. Quero fazer como você Lu, na próxima vez que pensar em me casar, vou escolher bem, quero uma moça solteira e sem filhos, acho-me incapaz de amar filhos de outro.

Luciana escutou séria, abaixou os olhos e fez um biquinho. Noel conhecia bem aquele biquinho, era porque tinha se sentido magoada, e ele, após uma pequena pausa, continuou:

— Obrigado, Lu, pelas flores, desculpe-me, mas tenho muito que fazer e você certamente também. Abraços nas crianças.

Estendeu a mão, ela a pegou e num rápido cumprimento saiu sem falar nada. Noel ficou triste e pensou:

"Luciana é a companheira ideal para qualquer homem de bem. Sei que ela me amou, perdi a chance. Poderia ter me casado com ela e me dado muito bem. Será mesmo? Eu não a amava; e o amor não faria falta? Pena! Será que Luciana está achando que ainda me ama? Não quero pensar nisso. É difícil alguém não amar Dárcio. Espero que tenha jogado água fria na sua ilusão. Dárcio não merece isso, e eu nunca serei causa de desavença familiar. Não farei com ninguém o que fizeram comigo. Que Deus ajude Luciana a refletir e compreender que ama Dárcio."

Chateado, Noel fez um propósito de evitar Luciana. Encostou-se à janela e olhou o pátio, vazio àquela hora do dia, o tempo estava chuvoso, uma chuvinha fina caía molhando tudo. Começou a pensar:

"Viver no plano espiritual deve ser bem melhor! Porém problemas nos acompanham, se não os resolvermos, onde quer que estejamos, lá estão eles conosco. Quero desencarnar em paz, e que esse sentimento me acompanhe, porque sei que, ao mudar de plano, não acontecem transformações, continuamos o mesmo, até que num propósito firme mudemos para melhor. Essa melhora nós fazemos quando queremos, aqui ou lá. Quem desencarna com rancor, vícios, continua com eles, como também com as alegrias e virtudes. Que Deus me ajude a usar bem meu tempo de encarnado. Não quero cultivar tristezas, já tive momentos tristes, mas também tive outros muito alegres. Quando a gente dá muita importância aos acontecimentos infelizes, aumentamo-los, e problemas são para ser resolvidos. Se por eles deixamos de ver, sentir as coisas boas que nos cercam, tornamo-nos infelizes e insensatos. É sábio aquele que sabe dar valor ao que tem, mudar para melhor, esforçar-se até se tornar bom. Quero desencarnar bem, feliz e em paz!"

Suspirou, sentou-se na sua cadeira e resmungou:

— Acho que devo arrumar uma namorada logo, mas não estou com vontade.

O tempo passou rápido e Dárcio ganhou a eleição com grande vantagem, com muita diferença do segundo colocado. Noel alegrou-se pelo amigo.

Marcou uma data com o advogado, ele viria logo para legalizar sua separação com Nádia.

Organizaram uma festa para comemorar a vitória de Dárcio. Seria no salão de festividades na margem da represa, um local muito bonito, próximo à cidade. A represa, nesse pedaço, formava uma praia e a extensão d'água era grande. Noel iria como convidado especial, como afirmou Dárcio. Levantou-se cedo naquele domingo, só estavam os guardas na fábrica. Foi para o escritório e ficou sentado na sua poltrona. Sentiu o filho e o beijo.[3]

"Papai!"

"Gabriel!"

"Meu pai, que é contrário de inimigo?" – perguntou o garoto.

"Amigo!" – respondeu Noel sorrindo.

"O inimigo se odeia e o amigo se..."

"Ama!" – completou Noel.

"Para fazer de um inimigo um amigo, o que é preciso fazer?" – indagou Gabriel.

"Amar? Por que está perguntando isso, filho?"

"Você está certo, respondeu com sabedoria, é só colocar em prática. Jesus nos recomendou amar os inimigos e quando os amamos, os fazemos amigos. O que se faz pelos amigos?"

"O bem" – concluiu Noel.

"Isso deve ser feito a todos" – expressou Gabriel. – "Não devemos ter inimigos e viver de tal forma, fazendo o bem para que todos vejam nosso afeto. Que bom ter certeza de que não somos inimigos de ninguém e que ninguém é nosso. Mas há, infelizmente, a possibilidade de uma pessoa colocar-se como

---

3. NAE: Noel era médium e, por afinidade, via o Espírito do filho. Este "ver" é relativo, talvez fosse melhor defini-lo por sentir, perceber. Na realidade, é a alma que vê, tanto que ele via Gabriel com os olhos abertos ou fechados. A vidência propriamente dita é independente dos olhos materiais, porque é uma visão anímica, a alma vê fora do corpo. Se o leitor amigo quiser saber mais sobre o assunto é só pesquisar em *O livro dos médiuns*, de Allan Kardec, no capítulo XIV, "Os médiuns", item 5.

nosso inimigo. Perdoar, pedir perdão é o começo, reconciliar é o segundo passo, mas há a terceira fase, a de fazer o bem a essa pessoa que julgamos ser nosso desafeto, fazer algo de tal forma como faríamos a um amigo."

"Gabriel, eu estou dando esses passos. Tive oportunidade de me vingar de Nádia e Carlos, não fiz, tenho poder, dinheiro, poderia arruiná-los e até fazer atos piores" – Noel suspirou.

"Minha mãe declarou-se a você, disse-lhe que o amava; respondeu usando o bom senso, embora saibamos que ainda a ama."

"Você disse 'minha mãe'. Havia me esquecido disso, Gabriel, você sempre foi meu filho. Acho que dei mais um passo, reconheci que eles sofreram e que eu também os prejudiquei e, melhor, pedi perdão. Podemos viver em paz.

"Ser amigo é fazer ao outro o que gostaríamos que nos fizessem e esse fazer deve ser espontâneo! Boa festa, papai!" – desejou Gabriel.

Noel se arrumou e foi para a festa. Havia muitas pessoas num churrasco farto. À tarde o tempo mudou, o calor era intenso e tudo indicava que ia haver tempestade.

— E vai! – exclamou Noel.

— Como você sabe que vamos ter tempestade? – perguntou Dárcio.

— Aprendi a conhecer os sinais da natureza. Lembre-se que vivi numa ilha – respondeu Noel sorrindo.

— Noel, você sente saudades de lá? – quis saber Dárcio.

— Muitas, mas não quero voltar, já me acostumei aqui de novo. Acho que me acostumo em qualquer lugar e me adapto facilmente; para isso, é só amar o local em que estamos, onde temos que viver.

Noel viu Carlos e Nádia na festa, não reparou neles, conversou com muitas pessoas. Afastou-se do grupo e foi andando devagar à beira d'água. Naquela parte da represa havia muitas casas de veraneio, moradias de férias e finais de semana. O tempo mudou mesmo, a tempestade veio rápido, nuvens pesadas e escuras encobriram o sol e um vento forte começou a soprar, os raios e trovões eram fortes. Noel gostava da natureza e tempestades não o intimidavam, gostava da chuva, de sentir as gotas caírem sobre ele. Olhou as casas, estava em frente à que pertencia a Carlos. Andou mais um pouco e encontrou-se com Nádia, que conversava aflita com um moço.

— Que aconteceu, Nádia? – perguntou Noel aproximando-se.

Foi o moço que respondeu:

— O senhor Carlos está na jangada no meio da represa com as crianças e eles não colocaram os salva-vidas. Acho que ele não está conseguindo voltar. Vou de barco até lá, mas estou com medo, não sei nadar. Para trazê-los, tem que ir uma pessoa somente.

— Eu não sei dirigir o barco – Nádia estava muito nervosa.

— Eu vou! Sei nadar e dirigir barcos – decidiu Noel.

— Eles estão lá! Veja pelo binóculo! – informou o moço, o caseiro.

Noel pegou o binóculo, localizou-os. Carlos segurava os filhos e os três estavam no centro da jangada, agarrados a um mastro.

— Que imprudência sair de jangada! – censurou Noel.

— Ela é segura, eles têm costume de sair com ela, porém não previmos a tempestade – disse Nádia.

— Vou rápido!

Ele pegou os salva-vidas, colocou um e entrou no barco, que era pequeno e o motor sem muita potência. Rumou com dificuldades para o lugar onde estava a jangada. Viu Nádia correr para o local da festa para pedir ajuda e o moço, o caseiro deles, ficar olhando pelo binóculo. Noel aproximou-se deles. Jogou a ponta de uma corda e amarrou a outra no barco. Carlos continuava amparando os filhos no centro da jangada. Admirou-se quando viu Noel.

— Passe e amarre a corda no mastro, Carlos! Coloque os salva-vidas nos meninos e em você. Isso! Agora venham! Pego vocês! – gritou Noel.

Pensou em arrastar a jangada, mas o barco não conseguiria, resolveu tirá-los de lá. Com medo de cair, Noel amarrou outra corda em seu pé e a outra ponta em um gancho.

— Estou machucado, Noel! Vinícius quase caiu na água e, para segurá-lo, imprensei minha perna na extremidade entre dois paus e uma das pontas me feriu. Acho que quebrei a perna esquerda e estou perdendo muito sangue, não consigo movê-la. Salva meus filhos, pelo amor de Deus!

— Salvo todos vocês! Venha, menino! – embora Noel tenha gritado para se fazer ouvir, falou firme e tranquilo.

— Vá, Vinícius! – ordenou Carlos.

O garoto segurou a corda que Carlos havia amarrado no mastro e foi arrastando-se. Noel inclinou o corpo tentando manter encostado o barco na jangada. O vento forte levantava ondas e fazia desequilibrar as embarcações, a chuva batia no rosto e braços com tanta força que doía. Era um resgate difícil, arriscado.

— Venha, garoto! Seguro você! Não tenha medo!

Noel pegou o garotinho, colocou-o sentado no fundo do barco.

— Segure forte no banco e fique quieto – pediu Noel.

Voltou a inclinar-se e gritou:

— Agora você, Samuel! Venha!

Noel teve medo de o barco virar, ergueu-se novamente para pegar o garoto que, como o irmão, se arrastou. Ao ver Samuel de perto, estremeceu, era parecidíssimo com Gabriel.

"São irmãos!" – pensou.

Com dificuldades conseguiu pegá-lo e o colocou junto do outro. Os dois ficaram quietos, estavam assustados.

— Agora você, Carlos! – gritou Noel.

— Não consigo! Salve meus filhos, Noel, por favor! Deixe-me aqui! Se sair do centro da jangada, ela irá virar!

Noel viu que o ferimento dele era grave e que necessitava urgente de socorro, sua perna sangrava muito. Sabia que Carlos tinha razão, a jangada poderia virar, mas também poderia, com a força das ondas, soltar os paus, desmanchar. Carlos sabia nadar, mas será que conseguiria fazê-lo até a margem, com aquele ferimento? Ansiou por salvá-lo, por ajudá-lo, e insistiu:

— Venha, Carlos! Eu estou lhe pedindo! Ordeno! Venha! Você consegue! Eu o ajudo!

— Leve meus filhos! A tempestade passará. Ficarei aqui esperando!

— Quero salvar você, Carlos! Arraste-se rápido!

As duas embarcações balançavam violentamente, as ondas eram grandes, os raios e trovões estavam mais fortes. Carlos arrastou-se e, quando deu a mão para Noel, e este o puxou, a jangada virou e o mastro caiu sobre Noel, atingindo sua cabeça.

— Noel! Por Deus! Noel! – gritou Carlos desesperado.

Noel sentiu o baque, mas sem dor. Ainda viu as ondas, Carlos puxando-o para o fundo do barco. Viu-se pequeno, seus pais lhe sorrindo, seu casamento e Gabriel. Foi tudo sumindo, apagando devagar e nada mais viu ou sentiu.

♥

Perdoar, pedir perdão
é o começo, reconciliar
é o segundo passo,
mas há a terceira
fase, a de fazer o
bem a essa pessoa que
julgamos ser nossa
desafeto, fazer algo
de tal forma como
faríamos a um amigo,

A grande mudança

NOEL ACORDOU, ESPREGUIÇOU-SE E RESPIROU FUNDO, sentiu o ar puro entrar nos seus pulmões. Lembrou-se da ilha e balbuciou:

— Será que estou na ilha?

Esforçou-se um pouco, tentou coordenar o pensamento. Teve a sensação de despertar num daqueles dias em que se demora um pouco para se inteirar da situação. Levantou a cabeça e olhou o local. Estava num quarto grande com doze leitos, sendo cinco ocupados por homens que dormiam. Noel os olhou, não conhecia nenhum. Pensou:

"Não estou na ilha. Não teria por que estar nela. Onde será que estou?"

As lembranças vieram. A represa, a tempestade, as embarcações agitadas pelo vento forte. Carlos e os meninos.

— Meu Deus! A tempestade! Tenho que salvá-los! – Noel agitou-se no leito.

— Por favor, senhor Noel, acalme-se!

— Acalmar?! – exclamou ele falando baixo.

Noel olhou para o moço que havia lhe falado, examinou-o de cima a baixo.

O atendente, assim pensou que ele fosse, era alto, magro, negro, sorriso agradável, uma dessas pessoas em quem se confia num primeiro olhar. Esperou que Noel o observasse, depois disse com tranquilidade.

— Bom dia, senhor Noel! Sou Breno. Como está se sentindo?

— Não sei o que responder, estou confuso! Sinto-me perdido. Estou sonhando? Saí do corpo?

Breno sorriu, Noel colocou a cabeça no travesseiro e as cenas da tentativa de salvamento na represa vieram à sua mente. Passou a mão sobre a cabeça, não notou nenhum ferimento.

— Engraçado, pensei que tivesse me machucado. Breno, por favor, me responda, que aconteceu?

— O senhor não quer repousar? – perguntou o moço.

— Não, quero saber que aconteceu. Estava no meio da represa, a tempestade estava forte. Tentava salvar os garotos com Carlos. Fiz a eles o que se faz a um amigo. E depois? Não lembro como saímos de lá. Consegui salvá-los?

— Sim, o senhor conseguiu salvá-los – afirmou Breno.

— E por que estou aqui? O mastro caiu em mim. Não senti dor, acho que desmaiei. Fiquei ferido? Responda, pelo amor de Deus! Estou sonhando? Por que será que quando sonhamos não indagamos se estamos? – Noel ficou nervoso, disse olhando para o moço.

— Não é melhor o senhor dormir? Descansar? – Breno estava sendo muito gentil.

— Se você quer que eu durma é porque não estou, então, não sonho. Não estou cansado. Se quer me ajudar, responda o que me aflige. Onde estou? Que aconteceu comigo?

— O senhor está num hospital, recuperando-se.

— Por que não disse logo? Fui ferido e estou me reestabelecendo. Há quantos dias estou aqui? – perguntou Noel, acalmando-se.

— Vinte dias.

— Tudo isso? Estive em coma? Estou achando esquisito eu acordar disposto. Que hospital é este? Quarto coletivo? Breno, estou achando estranho. Não que me acho merecedor de um atendimento diferente. Mas por que estaria num hospital em quarto coletivo? Que de fato ocorreu? Será que desencarnei?

Noel olhou para Breno, que continuou sereno e, então pensou que deveria explicar:

— Breno, é que sou espírita e falamos que, quando o corpo físico morre, desencarnamos, e que a vida continua sem saltos, sem grandes transformações. Será que vocês estão achando que a pancada me desequilibrou?

— Não, senhor Noel, não achamos que desequilibrou, está muito bem. Para tranquilizá-lo, vou lhe dizer o que ocorreu. Desencarnou. O mastro caiu sobre sua cabeça e ...

— Desencarnei? Mas como? Por quê? – gritou Noel.

— Isso acontece com todos os encarnados – respondeu Breno. – Já avisei Gabriel que acordou, logo ele estará aqui.

Noel começou a chorar e se pôs a reclamar:

— Desencarnei! Não é justo! Tinha muito o que fazer na Terra! Coitadinho de mim!

Falava sem parar. Breno ficou ali olhando-o. Nesse momento entrou Gabriel, beijou-o no rosto. Noel, pela primeira vez, não lhe deu atenção e, reclamou:

— Viu o que me aconteceu, Gabriel? Desencarnei! Nem vi. Estava lá na Terra sendo útil, tentando fazer o bem, tinha o corpo sadio, muitos planos, a fábrica para cuidar e desencarnei!

— Papai, acalme-se! Por favor, tenha calma! Respeite os companheiros de quarto, eles estão assustados!

Noel olhou para os outros, três deles estavam acordados olhando-o, um assustado; dois permaneceram tranquilos, pareciam estar orando.

— Desculpe-me – pediu Noel. – É que estou indignado! Isso não deveria ter acontecido comigo. Tantas pessoas querem morrer e ocorre comigo. Por quê?

— Papai – Gabriel sorriu tranquilo –, por que estranha tanto? Todos que estão no plano físico desencarnam, isso é certo, natural, e ninguém fica encarnado para sempre. Sabia disso.

— Saber é uma coisa, quando acontece conosco é diferente – queixou-se Noel, choramingando.

— Você se arrependeu por ter salvado Carlos e os meninos?

— Eu os salvei? Carlos estava ferido – lembrou Noel.

— Salvou-os sim! Carlos estava realmente muito ferido, ainda está internado no hospital, teve que se submeter a duas cirurgias, ficará bom – informou Gabriel.

— Você ficou contente com o que fiz? – perguntou Noel.

— Muito. Contei a todos meus amigos o seu ato heroico.

— Mas morri! – exclamou Noel suspirando.

— Arrependeu-se? – indagou Gabriel.

— Não! Por que desencarnei? Não me responda mais que era porque estava encarnado. Isso é óbvio!

— Temos um tempo para ficar no aprendizado do corpo físico, quando ele vence, temos que voltar à pátria verdadeira – respondeu o garoto.

— Por que eu? Por que comigo? Era jovem, considerado bonito, fazia o bem – resmungou Noel.

Silêncio. Noel viu que Breno saíra do quarto e um senhor, colega de quarto que o olhava com simpatia, disse:

— Deus não quer só os velhos. É um privilegiado, desencarnou e foi socorrido sem passar pelo umbral e tem o filho perto. Eu, meu caro, sofri um bocado na zona umbralina e tenho um filho desencarnado que ainda está lá naquele inferno. Deveria pensar que somos sobreviventes. Sim, sobrevivemos à morte do corpo. Isso não é fantástico?!

O senhor então se recostou na cama, puxou o lençol cobrindo a cabeça. Gabriel segurou a mão do pai e disse baixinho com tom carinhoso.

— Papai, a desencarnação não é castigo, é uma lei que deveria ser encarada com maturidade. A vida é única, somente mudamos de estágio.

— A grande mudança! – exclamou Noel.

— Estarei por perto, ajudando-o!

Noel viu que Gabriel tinha subido num banquinho para olhá-lo de perto e segurar sua mão.

— Você tem pensamentos maduros demais para sua idade.

Gabriel riu e explicou:

— Sabe, pelo que estudou, que somos Espíritos com bastante experiência, tenho aproveitado meu tempo para aprender.

Noel voltou a chorar.

— Que tem, papai?

— Estou com dó de mim! Desencarnar não é fácil! Rico!

Bonito! Morrer para salvar uma pessoa que já me prejudicou! Que adiantou meu ato heroico? Morri!

— Papai! Pare com isso! Já! Está entrando em sintonia com pessoas que não entendem o que seja realmente esse processo desencarnatório. Muitos encarnados que o conheciam têm pensado isso sobre o fato. Deveria escutar outros. Que tal pensar no centro espírita e escutar os amigos de lá?

Noel pensou no centro espírita e, por momentos, tranquilizou-se e escutou os incentivos:

"Senhor Noel, fique bem! Desfrute da beleza daí! Que os 'obrigados', os 'Deus lhe pague' o acompanhem! Sinta-se em paz! Que Jesus esteja ao seu lado!"

— Que bonito e gentil! – exclamou Noel.

— Escutamos sempre quem queremos! – alertou Gabriel. – Não que os outros comentários sejam ruins. Você viveu encarnado de tal forma que ninguém o amaldiçoou. Por isso está aqui, numa colônia maravilhosa, socorrido, e se recuperará rápido. Muitas pessoas que o conheceram acham, erroneamente, que foi uma pena o que lhe aconteceu, pois era jovem, bonito, rico e boa pessoa. Isso é comum acontecer, quase em todas as desencarnações existe quem pense assim, acham sempre algo para ter dó. E como seu colega ali disse, somos todos sobreviventes. Há sobrevivência após a morte. Por isso, repito: desencarnação não é castigo! Mas é com ela que recebemos de imediato o retorno de nossos atos e vamos, por afinidades, para lugares aos quais fazemos jus.

Noel quis firmar seus pensamentos no centro espírita, mas pensou em Nádia, Luciana, Dárcio, até em dona Marli, a secretária, e recomeçou a chorar.

— Que será deles sem mim? Farei falta!

— Basta, papai! Não pensei que ficaria com dó de si mesmo! Pode dormir! Acomode-se! Tome esta água e durma! Espero que acorde melhor!

Nunca Gabriel lhe falara assim. Noel obedeceu, tomou a água e dormiu.

Acordou disposto. Viu Breno, que lhe sorriu, correspondeu e perguntou:

— Posso me levantar?

— Claro!

Levantou-se e foi para perto da janela. Olhou o jardim florido e o céu de um azul lindo, nem na ilha vira assim.

— Não é ruim estar desencarnado, não é mesmo? - perguntou olhando para Breno.

— É muito bom, senhor!

— Por que me chama de senhor? Se continuar me chamando assim, vou também me referir nesses termos a você - decidiu Noel.

— Chamarei, então, de você. Vou avisar Gabriel que já acordou e que está bem-disposto - disse Breno.

— Espere um pouco mais para chamar Gabriel, quero ficar aqui sozinho para pensar. Não quero mais ficar com dó de mim. Que devo fazer para que isso não aconteça? - perguntou Noel.

— O melhor é ver como é bonito aqui, compreender que a vida continua e que será muito feliz na sua nova morada - respondeu o indagado.

Breno saiu e o senhor, que já tinha lhe dirigido a palavra, disse:

— Sou Francisco, por enquanto somos colegas de quarto. Não fique triste, sua situação é muito boa. Estou aqui há cinquenta e um dias e não consigo me levantar do leito, sinto tonturas. Breno me disse que tenho que superar meus problemas e aprender a viver aqui com este corpo, o perispírito, e me livrar dos reflexos, ou seja, da impressão que tenho ainda do meu corpo físico que já virou pó. Meu corpo carnal morreu há nove anos; por afinidades, fui para o umbral, que para mim é o inferno. Sofri muito por lá.

— Como é o umbral? – perguntou Noel.

— Um lugar triste e feio. Embora exista gente que goste, há gosto para tudo. Eu não gostei. Não fui mau quando encarnado, mas era farrista, amante do prazer, sexo, gastava muito numa noite de orgia, mas, para dar uma esmola, queixava-me das dificuldades existentes. Tive religião de fachada, dizia ser religioso, achava bonitos os ensinamentos proferidos por ela, mas não os seguia, orava, mas sempre o fazia para pedir favores.

— Religiões, meu amigo, são setas no caminho, fazer como você fez não dá resultado. Você viu as setas, admirou-as e foi somente isso. As setas são para serem vistas, mas devemos passar adiante, caminhar, e para andar devemos ter força, vontade e estas vêm de dentro de nós – elucidou Noel.

— Agora concordo com você. É isso mesmo! Achava bonita minha religião, não segui seus ensinamentos. Caminhar dá trabalho e é muito fácil ver o outro fazer, de preferência, o que cabe a nós realizar.

— Continue falando do umbral – pediu Noel.

— Você não foi lá e sabe de muita coisa.

— Li sobre esses assuntos em livros.

— Foi espírita? – O senhor quis saber.

— Sim, fui.

— Agora compreendo por que é tão bem-informado, você deve ter visto as setas, e caminhado. Não gostei do umbral e dou graças mil vezes por ser temporário. Quando estava lá, senti fome, sede, frio, calor e muitas dores. Fiquei num canto fétido e lamacento. Revoltei-me nos primeiros anos, depois comecei a entender que merecia estar ali, arrependi--me dos meus erros, quis melhorar e, tempo depois, fui socorrido. Compreendi uma coisa importante: que a vida é uma só, continuamos como éramos, a desencarnação, por si só, não muda ninguém. Lembro sempre que, quando no físico, tinha um vizinho muito honesto, boa pessoa, e eu o chamava de tolo por não aproveitar a vida como eu fazia, porém foi ele que a aproveitou bem. Ele também fez sua passagem de planos, veio para cá e está muito bem, continua como sempre, honesto, trabalhador e bom.

— Trabalhador? – indagou Noel.

— Claro. Aqui, meu amigo, é atividade. Breno cuida de nós, está trabalhando. O céu de ociosos não existe. Tenho pensado muito e não queria... não quero estar num céu onde não se faz nada. Sei que no momento sou necessitado e que preciso melhorar muito, mas para mim seria infelicidade ficar num lugar de delícias e lembrar-se de amigos, de pessoas de quem eu gosto, sofrendo. Tenho um filho que está no umbral, sei que ele, como eu, poderá ser socorrido e vir para cá. Isso me consola e me incentiva a ficar bem e querer aprender para ajudar outras pessoas a ficarem também. Isso não é maravilhoso? Não é a compreensão da bondade de Deus? Agora acho incoerente existir um lugar de felicidades onde quem está lá, sabe, vê os que sofrem e não quer ou não pode fazer nada para auxiliá-los. Um lugar desses não seria para os bons, mas para os egoístas. Eu não seria feliz num local assim. Se eu não seria, imagine quem tem mais conhecimentos, foi e é realmente bom. Meu filho e eu não fomos tão ruins para ficarmos sofrendo por muito tempo, nem bons para merecer vir de imediato para cá, um local lindo de socorro. Definindo para você, o umbral é um lugar de sofrimentos, morada provisória de imprudentes, onde se aprende, pela dor, o que recusaram a fazê-lo pelo amor. Estou falando muito, você disse a Breno que queria pensar. Pois pense, amigo, mas não fique triste.

Francisco aquietou-se, Noel voltou a olhar o jardim, pensou em Dárcio, sentiu-o triste e preocupado com a fábrica, compreendeu que ele pensava que fora trágica a sua morte e que era Carlos que deveria ter morrido. Sentiu que naquele momento o amigo estava orando por ele, uma oração muito bonita, conhecia-a, estava na "Coletânea de preces espíritas".[4]

Noel emocionou-se e tentou fazer o que Gabriel lhe recomendara: prestar atenção nas orações que recebia e esforçar-se para não sintonizar com aqueles que se penalizavam com sua desencarnação. E ele só tinha que agradecer, não fora para o umbral e estava com o filho. Mas, mesmo assim, sentiu dó de si mesmo. Que lhe aconteceria agora? Acostumaria com a nova vida? Não poderia mais voltar ao físico, não no seu antigo corpo. Lágrimas correram-lhe abundantes pelo rosto. Teve sono, deitou-se e dormiu.

— Papai! Acorde! Está muito dorminhoco!

---

4. NAE: Capítulo 28 do livro *O Evangelho segundo o espiritismo*, de Allan Kardec, seção IV, "Preces pelos desencarnados", item 62.

Gabriel novamente subiu no banquinho, acordou-o dando-lhe beijos. Noel despertou sentindo-se bem.

— Filhão! Que gostoso acordar com seus beijos!

— Vim para levá-lo ao jardim – disse o menino.

— Gabriel, vejo você como desencarnou, com quase quatro anos, mas você tem atitudes, conhecimentos de um adulto.

— Papai, para viver aqui na colônia, fazer meu trabalho, apresento-me como um adulto; para você, apresento-me como desencarnei, porque é assim que pensa em mim, que me tem na memória – elucidou Gabriel.

— Filho, fica com o aspecto de como você trabalha aqui, não precisa mais ter a aparência infantil – pediu Noel.

— Pois assim será.

Transformou-se, tornou-se um homem jovem, muito bonito, continuou louro de olhos azuis.

— Fantástico! Como fez isto? – perguntou Noel maravilhado.

— O perispírito é modificável, basta aprender para fazer isso. Tenho aproveitado bem meu tempo para aprender e isso me deu maturidade. Quando desencarnei, fiquei uns meses no educandário, na colônia. Crianças, quando desencarnam, é estudado cada caso, alguns reencarnam logo, outras vão crescendo no mesmo processo do físico e outros, como eu, voltam a ser como eram antes de reencarnar.

— Gabriel, que você faz aqui? Onde trabalha? – quis Noel saber.

— Trabalho no educandário, cuido de crianças, treino para quando reencarnar ser médico pediatra – respondeu Gabriel.

— Ficamos parecendo dois irmãos. Por favor, filho, continue a me chamar de pai.

— Claro, papai! Vou chamá-lo sempre assim.

— Você nunca me chamou de senhor. Mesmo quando quis ensiná-lo, você insistia em tratar-me por você.

— Sei que não gosta que o chamem de senhor.

— É verdade!

— Tome este caldo, está gostoso! – Gabriel lhe ofereceu um prato com uma sopa muito cheirosa.

Noel alimentou-se, achou realmente o alimento saboroso, indagou:

— Você se alimenta?

— Não, já aprendi a me nutrir do ar, sol, da natureza. Mas até aprender, terá que se alimentar. Para não sentir falta de alimento, é somente ter plena consciência de que vive agora como desencarnado.

— Muitas pessoas estranham o fato de os desencarnados se alimentarem – disse Noel.

— Mesmo não existindo muitas diferenças entre os dois planos, a maioria, ao desencarnar, sente tanto. Imagine se fosse tudo muito diferente? Vamos dar um passeio.

Gabriel ajudou o pai a trocar o pijama por outra roupa, calça e camisa simples, muito limpas e cheirosas. Saíram do quarto e Gabriel foi explicando:

— Você está abrigado no hospital de uma colônia que está no espaço espiritual da região da cidade em que morou. Ela é de porte pequeno, muito linda e organizada. O hospital é grande, porque há muitos imprudentes. Esta parte, ou ala em que está, é para os que estão bem e que logo poderão deixar o hospital.

— Gabriel, é isso que me preocupa. Que farei aqui? Não ria de mim, estou com medo do desconhecido.

— Não, papai, não vou rir de você. Isso acontece muito por aqui. A pessoa sente falta do que amava, de coisas que ficaram lá, no plano físico. Houve uma mudança, deixou tudo e aqui está vendo outros lugares, terá que conviver com outras pessoas e pode-se sentir inseguro. Existe o termo "adaptar", que assusta alguns, mas é isso mesmo que deve ser feito: adaptação. Aceitar a desencarnação é fundamental, querer melhorar é de muita importância. Não alimente receio!

— Quando fui para a ilha, larguei tudo e fiquei por anos, lá era diferente e me acostumei. Sabia, porém, que poderia voltar quando quisesse e que agora, nesta mudança, não posso voltar.

— É por isso que muitos se referem à desencarnação como uma mudança sem retorno. Não se pode voltar, não como encarnado no mesmo corpo; ao fazer isso, reencarnamos, voltamos a ser feto, crianças, convivendo com outras pessoas, noutra existência no físico. Mas podemos ir à Terra, como desencarnados, como eu fazia quando visitava você.

Chegaram ao jardim, Noel observou tudo detalhadamente: havia árvores floridas, canteiros bem cuidados, muitos bancos. Sentaram-se em um. Noel encantou-se, quando perceberam, ele estava de boca aberta. Riram.

— Que lindo, Gabriel! Como aqui é bonito!

— Aqui é simples, papai! Quando há equilíbrio entre as pessoas, a natureza se torna mais bonita.

— Gabriel, o que aconteceu comigo, com Carlos e com os meninos?

— A jangada virou – Gabriel contou – o mastro caiu sobre você atingindo sua cabeça, teve um traumatismo sério e seu corpo físico morreu. Pudemos desligá-lo de imediato e o trouxemos para cá, adormecemo-lo para que os muitos comentários não o atingissem. Sua desencarnação foi sentida, papai, você deixou muitos afetos.

— Fiz dos inimigos, amigos! – exclamou Noel.

— É verdade! Foi muito bom ter feito isso. Vou continuar a contar o que aconteceu. Carlos, mesmo com muitas dores, conseguiu entrar no barco, pegar você e colocá-lo deitado no fundo. Nesse momento uma onda maior arrebentou a jangada, os paus se soltaram. Com esforço ele conduziu o barco até a margem. Quando chegou e viu pessoas à sua volta, desmaiou. Dois médicos que estavam na festa examinaram vocês, perceberam que você havia falecido e que Carlos necessitava urgente de socorro, tentaram conter a hemorragia e os levaram para o hospital. Lá foi realmente constatado que seu corpo físico estava morto e Carlos foi medicado. Se tivesse retardado mais o socorro, Carlos não teria aguentado e também desencarnaria. Ele ficou hospitalizado muitos dias, passou por duas cirurgias e ficará deficiente, terá dificuldades para andar. Os meus irmãozinhos estão bem, nada sofreram.

— Fui eu que insisti com Carlos para passar para o barco, ele temia que a jangada virasse. Quando vi o ferimento de sua perna e o sangue que corria, percebi que era grave e que precisava de um socorro rápido. Gabriel, será que Carlos não será taxado de culpado? Para muitos, ainda éramos inimigos – Noel preocupou-se.

— Quase que isso aconteceu. O caseiro viu tudo, pois ficou olhando pelo binóculo. Quando Carlos chegou à margem, havia muitas pessoas com Nádia, pois ela foi à festa pedir ajuda, eles não viram o que ocorrera. Falaram muito após vocês serem levados ao hospital. Dárcio aproximou-se do caseiro e pediu: "Moço, se você viu tudo, diga a verdade, o que viu? Fale como se estivesse na presença de Deus e não minta." E o moço disse a verdade. Ele até sentiu vontade de inventar, mas o que Dárcio havia lhe dito ficou em sua mente: "presença de Deus". E todos compreenderam que foi realmente um acidente.

— Dárcio, sempre honesto! Alegro-me por ele ter feito isso. Seria injusto Carlos ser acusado de algo que não fez.

— Dárcio é mesmo uma pessoa excepcional! – concordou Gabriel.

— Meu filho, você interferiu nas minhas decisões? – Noel quis saber.

— Não, papai, nunca o fiz. Temos o nosso livre-arbítrio, tanto assim que somos responsáveis pelo que fazemos. Forçar alguém não é certo e os Espíritos que têm conhecimentos, os bons, não fazem isso. Forçar é obsessão. Podemos aconselhar e escutar quem quisermos. Encarnados têm orientações de outros encarnados, recebem influências de desencarnados e esses conselhos podem ser bons ou maus; atendem o que quiserem. Somente o aconselhei. Decidiu por si mesmo.

— Não pensei em morrer quando fui salvar Carlos e os filhos dele. Alegro-me por tê-los salvado. Não me arrependo!

— Papai, era chegada sua hora de voltar ao plano espiritual. Sabendo disso, aconselhei-o a não buscar Maria Inês no povoado e ainda bem que me atendeu, evitou que a meiga professora sofresse mais. Seu retorno, sua passagem de plano, estava prevista para este dia. Se não tivesse ido salvá-los, algo iria fazer seu corpo físico parar suas funções – explicou Gabriel.

— Filho, sempre gostei de tempestades. Nunca me assustei com raios ou trovões. Desde pequeno tive sensações de que um raio me libertaria, não conseguia entender por que pensava assim. Será que não seria um raio que me libertaria do corpo físico? – perguntou Noel pensativo.

— Pode ser, papai. Quando nosso tempo no físico vence, os motivos para que a desencarnação ocorra são muitos. A matéria carnal é tão frágil!

— Que bom eu ter ido e ter feito a Carlos o que faria a Dárcio. Se tinha que mudar de plano, fiz a minha grande mudança realizando algo que deveria ter feito: "Amei meu inimigo!"

— Papai – Gabriel o olhou e explicou pausadamente –, realmente podemos nos referir à passagem de planos como mudança. Mas só mudamos mesmo quando nos transformamos para melhor, quando, conscientes, progredimos. Porque, meu pai, podemos reencarnar vinte, cinquenta ou mais vezes, mudarmos para lá, voltarmos para cá, mas se não nos conscientizarmos de que isso são fatos externos e que é em nós que devemos fazer a grande mudança, a transformação de melhoria, estaremos sempre sentindo esta passagem. Alegro-me porque você aproveitou bem sua encarnação.

— Acha mesmo, filho?

— Sim, você pôs fim a um desentendimento, fez o bem, pediu perdão com sinceridade a quem ofendeu, tratou como amigo aquele que foi taxado de inimigo, administrou corretamente bens materiais, alimentou-se espiritualmente com boas leituras, orações e aproveitou para aprender, estudar – opinou Gabriel.

— Não poderia ter feito tudo isso aqui?

— No físico encontramos problemas, conflitos, resistências, a ilusão da matéria exerce um domínio forte, e isso tudo são provas a serem vencidas. Podemos aprender aqui, mas é nas dificuldades por que passamos quando encarnados que provamos a nós mesmos que de fato aprendemos.

Noel suspirou, estava emocionado, ficaram quietos por momentos, Gabriel o abraçou.

— Bem-vindo, meu pai, ao plano espiritual. Que seja feliz aqui conosco! – desejou Gabriel.

Choraram emocionados. Não se chora só por dor, nós o fazemos também quando a paz nos invade, quando nos sentimos bem com nós mesmos. Lembro-me de um dia, quando um amigo meu me disse: "Antônio Carlos, chorei de alívio por não ter remorso!"

Que choro abençoado! Assim, se todos nós fizéssemos a passagem de planos como Noel, de bem com todos, sem inimigos, com a consciência tranquila, sem erros, sem remorso e feito o que deveria ter sido feito, poderíamos chorar comovidos, porque teríamos aproveitado a oportunidade da reencarnação. Noel provou que aprendeu e mereceu ser acolhido num lugar de bem-aventuranças. Ele ainda, como nós, tem muito que aprender, provar que realmente assimilou o aprendizado, vivenciar no dia a dia o que tomou conhecimento e progredir sempre. Esse é o objetivo dele e deve ser o nosso.

— Estou com sono, Gabriel. Quero voltar para o quarto e estou disposto a me recuperar logo. Nada mais me assusta. Vou amar estar aqui e tudo que me for oferecido. Quero ser útil e deixar de ser dorminhoco – decidiu Noel.

Gabriel o acompanhou, ajudou a acomodá-lo no leito e ele sentiu o beijo no rosto.

— Como é bom ser amado! – exclamou sorrindo.

— O amor se conquista, recebemos quando damos! – Gabriel o olhou com carinho.

Noel adormeceu tranquilo.

Há sobrevivência após a morte. Por isso, desencarnação não é castigo! Mas é com ela que recebemos de imediato o retorno de nossos atos e vamos, por afinidades, para lugares aos quais fazemos jus.

A revelação

OS DIAS PASSARAM RÁPIDO. NOEL, SOZINHO OU acompanhado por Gabriel, conheceu quase todo o hospital, com exceção da área reservada aos socorridos em estado de muito sofrimento. Ia sempre ao jardim, conversava muito e o assunto preferido dos abrigados e dos recém-desencarnados era como foi sua passagem de plano, a saudade dos entes queridos que ficaram na Terra e até o medo do novo modo de viver. Noel alimentava-se duas vezes por dia e não via a hora de não precisar fazê-lo mais. Sempre gostou de dormir e ainda o fazia muito, queria, porém, não adormecer mais.

Numa tarde, estando no jardim, Celina sentou-se ao seu lado e começaram a conversar, depois que Noel contou o resumo de sua história, finalizou:

— Faz trinta e dois dias que desencarnei e já me sinto muito bem. Estou ansioso para fazer algo de útil e participar ativamente da vida aqui. Fala-me agora de você. Que aconteceu, Celina, para que mudasse de plano tão jovem?

— Não existe idade certa para voltar ao plano espiritual – respondeu Celina sorrindo. – Minha história é melancólica! Será, Noel, que existe uma história de vida sem ser triste?

— Claro que existe! – exclamou ele. – Às vezes achamos que nossa história tem muita tristeza, talvez porque temos tendências à autopiedade e lembramos quase sempre dos acontecimentos que nos causaram infelicidades. Mas quem não tem momentos alegres para lembrar? É questão de nos educarmos. Eu estou tentando me educar e ver ambos os acontecimentos e dar valor aos bons, agradáveis. Contei a você o que me ocorreu que me deixou triste, mas falei também dos bons momentos, do amor dos meus pais, de Gabriel, o anjo de minha vida, da amizade que tive, dos dias tranquilos que passei na ilha, do esforço que fiz para me tornar amigo de quem um dia julguei inimigo.

— É verdade, vou me espelhar em você e tentar falar dos bons e maus momentos – expressou Celina falando pausadamente e, pela primeira vez, esforçou-se para não lembrar só das infelicidades. – Tive uma família maravilhosa, embora com problemas, sei agora que eram dificuldades que todos os encarnados têm. Éramos pobres, entendo que não ter tido dinheiro foi bom para mim, pois me levou a trabalhar, a estudar para melhorar de vida. Tive muitos amigos também, eles sentiram minha desencarnação, sempre gostei de fazer favores a eles, que retribuíam.

— Você é dessa região? Encarnada, viveu no plano físico a que esta colônia está vinculada? – perguntou Noel aproveitando que Celina tinha feito uma pausa.

— Nasci nesta região, mudei para outra quando era pequena. Uma tia minha, que é moradora desta colônia, me ajudou quando meu corpo físico morreu e me trouxe para cá. Vou continuar falando de mim. Tive uma infância feliz, adolescência sem grandes problemas. Já era adulta quando conheci Lair, foi numa noite, estava num barzinho com minhas amigas. Ele parou em frente do bar, estava num carro novo, muito bonito e caro. Interessamo-nos por aquele moço lindo e alegrei-me quando ele me deu atenção. Começamos a namorar, Lair afirmou que se interessou por mim por causa do meu corpo bonito. Como namorado, me dava presentes caros e presenteava também a minha família. Meu pai desconfiou, não gostou dele, minha mãe achou que era o partido ideal para mim. Ele nos disse que tinha um estacionamento de carros, comprava e vendia veículos. Levou-nos para conhecer o local, era em outra cidade, na capital do estado. Para minha mãe, irmãos, estava tudo certo, menos para meu pai, que dizia ter a intuição de que algo não estava bem. Rindo, o taxamos de ciumento. Confesso que me entusiasmei pela ostentação de meu noivo, porém o amei. Ele queria que fôssemos morar juntos na cidade em que residia, mas meus pais somente permitiriam se casássemos. Lair então confessou que era casado, contraiu matrimônio muito novo, separou, e que sua ex-esposa tinha ido para o exterior e ele não sabia seu paradeiro para se separar. Decidimos nos casar no religioso. Foi uma festa bonita e fiquei muito feliz. Ele fez todas as despesas e deu para meus pais um carro novo. Meu pai chorou ao despedir-se de mim e pediu: "Filha, nossa casa é sua, volte quando quiser."

— Fizemos uma linda viagem – continuou Celina – e me senti muito feliz. Fomos residir no apartamento onde ele morava. Lair deixou que eu o decorasse e o fiz com muito amor. Achava que meu esposo trabalhava muito e em horários que estranhei. Ficava muitas noites fora. Quando reclamei, ele justificou que estava fazendo negócios. Para me agradar, me dava muitos presentes. Viajava muito com ele e sempre, nessas viagens, me deixava no hotel e passava as noites em reuniões de negócios. Eu queria ter filhos, ele não, tinha aversão até pela ideia. Ele dizia: "Celina, não quero filho, a gravidez a engordará, se isso acontecer, não vou querê-la mais."

Pensei, na primeira vez em que ele me disse isso, que estava brincando, fiquei muito triste ao escutá-lo repetir e por sentir que meu esposo pensava realmente assim. Começamos a brigar, desconfiei que ele tinha outra por ficar muitas noites fora de casa. Lair estava muito nervoso e não queria me explicar o porquê. Pediu-me para ter calma, estava agitado porque os negócios não estavam bem e que me amava.

Uma noite, quando chegou tarde e eu reclamei, ele me disse que estava cheio de mim e que era para eu ir embora, voltar para a casa dos meus pais. Chorei muito; ofendida, no outro dia cedinho, fui embora, voltei para junto dos meus familiares. Porém, dias depois, descobri que estava grávida. Achando que nossa briga fora sem motivos, resolvi voltar e me entender com ele. Lair me recebeu com carinho, disse que estava com saudades e me queria ali, que ia resolver seus problemas e se dedicar mais a mim. Senti-me feliz de novo. No outro dia, pela manhã, contei a ele que estava grávida, meu esposo levou um susto e nada disse. Naquela noite tomamos um vinho, achei que era para comemorar. Senti sono e acordei no hospital. Indaguei à enfermeira:

"Estou num hospital? Que faço aqui?"

"Por que está perguntando isso? Esqueceu do que aconteceu? Você está aqui pelo aborto que fez" – respondeu a senhora.

"Eu abortei? Meu Deus! Perdi meu filho?" – Lamentei aflita colocando as mãos na barriga.

"Por favor, não finja, você não abortou, fez o aborto! Não perdeu seu filho, não o quis!" – A enfermeira indignou-se.

"Por favor, digo eu, não estou entendendo. Responda-me: Perdi meu filho?"

"Moça, sabemos muito bem distinguir um aborto natural de um provocado. Você não se lembra? Tomou um remédio para dores estomacais que tem efeito abortivo. Expeliu a criança e teve uma hemorragia e a trouxeram para cá. Não se preocupe, você não corre risco de vida, mas seu filhinho morreu. Agora descanse!"

— Chorei muito, quietinha naquele leito de hospital. As enfermeiras não acreditaram em mim, não me importei com elas, senti a perda do meu filho. Voltei para o nosso apartamento no outro dia. Lair me esperava e na porta de entrada estavam dois homens.

"Celina, estes são dois vigias" – explicou ele.

"Lair, quero saber o que aconteceu. Por que perdi o nenê?"

"Estávamos conversando e você desmaiou, vi que estava sangrando, apavorei-me e a levei para o hospital e você teve o aborto" – disse ele tranquilamente.

"A enfermeira me disse que eu provoquei o aborto, que tomei remédio" – queixei-me.

"Ela deve ter confundido, essas enfermeiras não sabem de nada. Alegro-me que esteja bem, porém, Celina, não quero mais filhos. Você perdeu este e sinto como um sinal para não tentarmos mais. Não quero filhos! Entendeu? Não me engane!"

"Lair, por que ter seguranças?" – perguntei mudando de assunto.

"Nada de especial. Não tenho agradado meus concorrentes e porque também tem havido muitos roubos por aqui e tornado um local perigoso. Por favor, Celina, não saia do apartamento sem me avisar e descanse, o médico lhe recomendou repouso."

— Não tinha mesmo vontade de sair e fiquei me recuperando, estava triste. Telefonei para casa de meus pais, contei sobre o aborto, não disse o que havia acontecido, porque não havia entendido. Meu pai falou comigo e me pediu:

"Por favor, filha, volte para casa!"

Eu disse a meu pai para não se preocupar comigo, que estava bem. Lair estava muito nervoso, esforçava-se para ser carinhoso comigo. Três dias depois que voltei do hospital, eram dezessete horas, escutei um barulho na lavanderia do apartamento. Estava no quarto, fui para a sala, ia ver o que tinha causado o barulho, quando me defrontei com dois homens encapuzados e armados que atiraram, atingindo-me em várias partes do meu corpo; nesse momento a porta se abriu e os dois seguranças entraram e também foram atingidos.

Apavorada, levantei e fiquei em um canto da sala, vi os dois assassinos chutarem os corpos dos seguranças e ouvi um deles comentar:

"Se não estivéssemos com pressa, ia torturar esta sem-vergonha do Lair. Vamos embora daqui!"

Saíram rápido pela porta da frente. Estava encolhida, apavorada, pensei que era sorte demais eles não terem me visto. Suspirei e olhei para o chão e me vi deitada sangrando.

Passei a mão pelo meu corpo, não tinha ferimento, voltei a olhar para o chão. Lá estavam os três cadáveres. Desmaiei.

Desencarnamos nós três. Quando fui atingida, o susto, o impacto me fez levantar e o fiz com meu perispírito. Saí do corpo físico, senti tanto medo e fiquei tão confusa que adormeci. Entendi isso depois de um tempo que estava aqui. Acordei e estava deitada num leito aqui, no hospital. Foi essa tia que me auxiliou, que conversou comigo e me explicou. Senti-me aliviada ao saber tudo, foi melhor saber a verdade do que pensar que estava louca.

— Celina, você não teve vontade de se vingar? - perguntou Noel, comovido com a história que ouviu.

— Eu não! - Quem quer se vingar tem que se ligar aos desafetos. Eu nem conheço aqueles assassinos e não quero ficar perto deles. Não tenho raiva de ninguém e não quero vingança.

— Você ama esses assassinos? - quis Noel saber.

— Não! Nem os amo nem os odeio, eles me são indiferentes.

— Sabe por que eles a mataram?

— Minha tia me contou. Lair é um ladrão de carros. Brigou com bandidos rivais. Sua primeira esposa tinha vinte e dois anos quando também, por esse motivo, foi assassinada com o filhinho de um ano. Lair já assassinou várias pessoas, bandidos como ele. Temia por mim, por isso queria que eu ficasse com meus pais. Como voltei, ele deixou dois seguranças para me proteger. Quanto ao aborto, a enfermeira não se enganou, ele tinha colocado no vinho uma droga que me adormeceu e depois fez com que eu tomasse o remédio abortivo e me levou para o hospital quando comecei a ter hemorragia. A briga com a quadrilha rival não parou com a minha morte física, continuou resultando na desencarnação de muitos. Lair está encarnado. Com meu assassinato teve que fugir para não dar explicações para a polícia. Foi para longe, tem outro nome e outra mulher, não sentiu minha morte, pensou antes eu do que ele. Não tenho raiva dele e desejo de coração que mude e seja honesto. Se ele não sentiu, minha família sofreu muito com minha desencarnação.

— Agiu bem, Celina, se você tivesse pensado em se vingar, não estaria aqui neste lugar bonito e de paz. Estaria talvez no umbral, sofrendo por fazer outros sofrerem – disse Noel.

— Penso, Noel, que não precisamos fazer ninguém sofrer. Temos o retorno de nossas ações. A minha desencarnação violenta deve ser uma reação, não sei qual a ação que fiz, talvez venha a saber um dia. Mas sei que provei a mim mesma que sou capaz de perdoar e de não querer vingança.

Conversaram mais um pouco, Celina despediu-se e voltou para seu quarto. Noel ficou pensando e entendeu que a maioria dos desencarnados tem uma história. Achou Celina prudente não querendo se vingar e que realmente passara por uma prova. Muitos falam em perdão, mas somente podemos dizer que somos capazes de perdoar, quando temos motivos e o fazemos.

Voltou para seu aposento. No outro dia, acabara de acordar quando Gabriel entrou no quarto e disse alegre:

— Papai, vamos ao jardim, temos uma surpresa para você!

— Papai! Mamãe! São eles que vieram me ver?

— Não estrague a surpresa. Vamos logo! – Gabriel riu.

Quando Noel viu os dois no jardim, de pé em frente a um

banco, correu para eles, abraçando-os. Choraram emociona-dos, a mãe o beijou.

— Por favor, mamãe, me dá mais beijos! Como é gostoso o abraço do papai, os beijos de mãe! – exclamou Noel.

Gabriel se afastou, os três sentaram-se juntinhos no banco e ficaram minutos sem falar nada, felizes pelo encontro.

— Como você está, meu filho? Não viemos antes vê-lo por-que temíamos emocioná-lo demais. Gabriel nos dava notícias – disse Ari carinhosamente.

— Eu estou bem, papai.

— Moramos numa casinha muito linda com mais três ami-gos e já arrumamos seu quarto, ficará conosco – determinou Mara.

— Que bom! Estaremos novamente juntos! – exclamou Noel alegre.

— Meu filho, você está com vontade de voltar à Terra? Por favor, não volte! Prometa que não o fará. Mesmo se estiver com vontade, não o faça. Me dê sua palavra que não sairá daqui sem permissão – rogou Ari, em tom suplicante.

— Não se preocupe, papai, nem me passou pela cabeça voltar à Terra.

— Ari, não amole o menino – pediu Mara. – Ele não era apegado à matéria, não deixou afetos lá, nós, que o amamos estamos aqui. Ele não irá querer voltar. Meu Noelzinho, vou falar a você como é a vida aqui, nosso lar é muito bonito, tem um jardim com muitas plantas como você gosta.

— Que fazem aqui, mamãe? – perguntou Noel.

— Eu trabalho no educandário, ajudo a cuidar das crianças – respondeu Mara.

— Trabalha com Gabriel? – Noel quis saber.

— Gabriel trabalha lá, mas em outro setor. É de muita importância o trabalho dele. É um médico estudioso! Meu neto é importante! – exclamou Mara.

— E o senhor, papai, que faz?

— Trabalho no setor de tecidos. Aqui, Noel, nada aparece do nada, tudo é fruto de atividades, do trabalho. Gosto muito do que faço. Estamos, Mara e eu, fazendo cursos de aprendizes do *Evangelho* e estudamos para adquirir conhecimentos. Também faço parte de um grupo que leva crianças para passear – respondeu Ari.

Conversaram animados. Noel ficou muito alegre com a visita dos pais e por saber que moraria com eles. Dias depois, estando bem, teve permissão para sair do hospital e o fez acompanhado dos três, dos pais e de Gabriel. Foram andando devagar pelas ruas arborizadas e muito limpas e Noel admirava tudo.

— Aqui, meu filho, está o prédio da administração, ali, o Departamento da Reencarnação, do outro lado está o teatro, onde vamos ouvir muitas palestras interessantes, ver peças teatrais e musicais – mostrou Mara.

— Do outro lado estão as escolas, e indo em frente por esta outra avenida defrontaremos com o meu local de trabalho – informou Ari.

Noel queria gravar todas as informações, desejou ver tudo com mais detalhes, mas compreendeu que teria muito tempo para isso. Os pais estavam alegres e ele se deixou contagiar pelo entusiasmo deles. Gostou muito do que via, uma cidade projetada, bonita e simples. Os prédios sem luxo, grandes, abertos, eram os locais de trabalho de muitos moradores e estes transitavam pelas avenidas, pareciam todos bem, sem pressa e cumprimentando uns aos outros.

— Que bom se na Terra fosse assim! – desejou Noel.

— Lembro a você, papai, que aqui é também a Terra! Estamos no espaço espiritual do planeta e somos seus habitantes – esclareceu Gabriel.

— E para ir ao educandário é só seguir esta avenida à esquerda. Vamos continuar indo em frente e logo chegaremos ao nosso lar – disse Mara, mostrando com a mão.

Chegaram logo. Noel achou a casa uma graça, era pintada de azul e branco, cercada por um jardim com muitas flores. Entraram, e na área da frente estavam três pessoas que Mara apresentou:

— Aqui está o nosso Noel! Meu filho, esta é Maria das Dores, que nós chamamos de Tininha; este é Emílio e este é Geraldo, amigos que moram conosco.

Abraçaram Noel, dando-lhe as boas-vindas. Logo Emílio e Geraldo tiveram que sair, iam trabalhar, e Noel pediu licença para ver a casa. Tinha seis quartos, um para cada morador. Mara e Ari tinham quartos separados, para ter privacidade. Sua mãe lhe mostrou tudo.

— Essa sala é de visita, aqui na colônia nos visitamos sempre, esta é para as refeições e a cozinha, não temos muitos alimentos, abasteci para servir você, raramente nos alimentamos e, quando fazemos, é no local de trabalho. Aqui é o seu quarto!

Noel entrou e se emocionou. A decoração era simples, tinha tudo de que necessitava, em cima de uma mesinha estavam os seus livros, os de estudos da doutrina espírita.

— Gabriel os plasmou para você, achamos que gostaria de relê-los. E, se quiser ler outros, é só ir à biblioteca. Levarei você lá! Agora vou deixá-lo, fique à vontade.

Mara o deixou sozinho, Noel examinou tudo, pegou os objetos, estudou-os detalhadamente.

"A impressão que tenho é que estou no físico. Não devo estranhar. Vivo agora com o corpo perispiritual e usarei objetos da matéria deste corpo. Isso para que continue a viver sem muitas modificações", pensou.

Saiu do quarto, andou pela casa e continuou a observar. Tudo era acolhedor, útil, e ele achou muito bonito. Depois foi ao jardim, encantou-se com as flores, olhou-as demoradamente. Maravilhado com as novidades, nem viu o tempo passar. Já estava escurecendo quando sua mãe o chamou para tomar um caldo. Gabriel veio vê-lo.

— Papai, amanhã a vovó irá levá-lo à biblioteca e matriculá-lo no curso de evangelização, onde estudará com outras pessoas os ensinamentos de Jesus. Também fará um curso para aprender a volitar, e outro em que terá conhecimentos de como se alimentar aqui. E logo poderá fazer um estudo para conhecer o plano espiritual.

— Gabriel, quero fazer alguma coisa. Será que não posso cuidar do jardim?

— Claro – concordou o filho – vou lhe trazer um manual de como cuidar das plantas aqui. Vou pedir também para que possa ir junto com o vovô no seu trabalho e servir lá, por algumas horas.

No outro dia cedinho, Gabriel lhe trouxe o manual e Noel leu e releu as informações de como cultivar as plantas e depois foi para o jardim trabalhar. Com os cursos e duas horas de trabalho com o pai, Noel tinha muito que fazer e isso lhe fez muito bem. Estava sempre conversando com os outros moradores da casa, falavam do trabalho, dos acontecimentos do dia a dia, eles estavam sempre alegres e eram prestativos com ele. Noel os achou simpáticos e gostou deles.

Achou a biblioteca muito interessante, espaço confortável, com muitas estantes com diversos títulos, tendo somente bons livros, os que ensinam, esclarecem, leituras que dão consolo. O prédio era grande, dividido em vários salões para vários assuntos. Noel interessou-se pelos religiosos e os de ciências biológicas. Muitas pessoas trabalhavam ali e informavam com precisão o que o leitor queria saber. Noel pegou muitos livros e os lia com interesse; quando queria saber algo mais, uma explicação de determinado assunto, o pessoal da biblioteca o esclarecia com prazer.

À noite, Noel e os pais ficavam sempre na sala conversando, relembrando os acontecimentos que viveram, encarnados, fatos de sua infância e juventude. Gabriel, sempre que podia, reunia-se a eles. Num desses encontros, ele chegou e indagou como o pai estava.

— Estou bem – respondeu Noel –, encantado com a beleza e simplicidade daqui. Sou tratado com mimos e nada me falta.

— Você já se acostumou aqui, não é? Não quer voltar, não é, filho? – perguntou Ari.

— Claro que não! Papai, sinto-o preocupado com isso. Por quê? – indagou Noel.

— É porque voltei, sofri e fiz sofrer – respondeu Ari. – Não tive uma desencarnação tranquila como a sua. Fiquei doente, padeci muito e estava preocupado em deixar Mara também doente e você jovem demais com tantas responsabilidades.

Senti deixar tudo o que tanto gostava. Ao ter meu corpo físico morto, fui desligado por amigos, ex-empregados, e levado a um posto de socorro, onde continuei doente, o reflexo do corpo carnal era forte em mim. Quando fiquei sabendo que havia desencarnado, chorei muito. Quis ficar livre das dores e isso foi acontecendo aos poucos. Mara desencarnou e ficou no posto comigo. Sentindo-me melhor, foi me dando vontade de estar perto de você, da fábrica. Escutei muitos conselhos e esforcei-me para resistir ao desejo de voltar. Quando senti você com problemas, não resisti e voltei sem permissão.

— Papai – elucidou Gabriel –, temos o nosso livre-arbítrio respeitado pelos bons Espíritos. Aqui nas colônias, nos postos de socorro, locais de auxílio, os abrigados são ajudados e é ensinado como se deve proceder, mas não são presos, ficam se quiserem.

— Como não querer ficar aqui? – perguntou Noel espantando.

— Pelo apego à matéria – respondeu Ari.

— Não só a objetos, a afetos também – disse Mara.

— Aqui respeitamos o livre-arbítrio – voltou Gabriel a esclarecer. – Isso não acontece no umbral. Lá, vemos muitos que ficam a contragosto. Os moradores, Espíritos maus, fazem muitos imprudentes de escravos, prendem-nos e eles não conseguem sair. Isso acontece, papai, porque, ao desrespeitar o próximo, somos desrespeitados, ao maltratar, podemos ser maltratados.

— Conte-me, papai, que aconteceu? – pediu Noel. – O senhor voltou? Foi para a fábrica?

— Fui para perto de vocês – Ari suspirou sentido.

— E eu – interrompeu Mara –, vendo que você, meu filho, estava passando por muitas dificuldades e que Ari me escondera um fato importante e, a meu ver, ele não estava agindo correto com você, também voltei. Saí do posto de socorro sem permissão e fui vigiar Ari e confundimos tudo.

— Explique-me o que ocorreu, por favor – pediu Noel.

— Acho que está na hora de você saber – disse Ari –, vou contar. Mara e eu casamos apaixonados e eu era obcecado por ter filhos. Mara não engravidava. Ela também queria tê-los e por três vezes teve gravidez psicológica, não contamos isso a ninguém, para todos ela perdera a criança.

— Eu sofri muito por isso – interrompeu Mara. – Queria um filho para agradar a Ari. Fizemos tratamento com um médico na capital e, quando ele me disse que tinha tido gravidez psicológica, angustiei-me. Na terceira vez, até meu ventre cresceu, para todos estava grávida de seis meses. Fiquei tão desesperada no consultório do médico, que ele me recomendou que ficasse algumas semanas numa clínica de repouso. Ari me levou, estava muito deprimida e ele ia me ver todos os finais de semana. E, aí, ele teve uma ideia.

"Mara" – decidiu ele –, "vamos adotar um nenê. Não contei a ninguém que perdeu este."

"Não perdemos, não estive grávida" – corrigi.

"Não importa o que aconteceu, mas sim o que podemos fazer. Disse a todos que você está internada para que o nenê não nasça antes do tempo. Entrei em contato com um médico que trabalha com adoção, e ele me afirmou que nos arruma uma criança recém-nascida. Ele está tratando de uma moça branca, loura, solteira, que nem quer ver o filho que espera, quer doá-lo. Essa mulher nem ficará sabendo o sexo do nenê, nem quem irá adotá-lo. Será nosso! Para todos, você teve a criança e voltaremos para casa com o nosso filho."

"Nós queremos tanto um filho e alguém o tem e abandona!" – suspirei, animei-me com a ideia e exclamei: "Quero, Ari! Quero o nosso filho!"

— Sarei, acabou a depressão com nosso problema resolvido. Saí da clínica e fiquei num hotel na cidade montanhosa e tranquila, longe da que morávamos. Esperei ansiosa a chegada do nenê, comprei o enxoval e, dois meses depois, Ari me trouxe você. Foi um presente de Natal, do Papai Noel!

Mara parou de falar, enxugou umas lágrimas. Noel balbuciou:

— Sou adotivo!

— Só de mãe. Você é filho de Ari! – contou Mara.

Silêncio, calaram por segundos até que Ari falou:

— Não tenho justificativa, errei, assumo e me arrependo, ainda bem que Mara me perdoou. Não tinha motivos para trair minha esposa, mas fiz. Conheci Rosa Maria em uma das minhas viagens, ela residia perto da cidade em que morávamos e tivemos um romance. Era casada e o marido viajava muito. E minha amante ficou grávida. Tínhamos problemas parecidos. O médico me confirmou que Mara tinha um problema sério e que nunca iria engravidar. O marido de Rosa Maria era estéril. Como eu não falara a Mara de seu problema, ela também não contou ao marido. O filho que ela esperava era meu, não tinha dúvida, e ficamos sem saber o que fazer. O marido dela ficou feliz com a notícia e eu queria meu filho, e, aí, soubemos que seriam dois, gêmeos. Resolvemos que um ficaria comigo e outro com eles. E foi isso que aconteceu, nasceram dois meninos, peguei você, levei-o para Mara e voltamos felizes para casa. Não descuidei do outro, Rosa Maria não era rica, o marido tinha um caminhão e fazia fretes. Comprei um bilhete de loteria premiado e lhe dei. Quis que meu outro filho ficasse perto de mim, pedi isso a ela, que influenciou o marido e mudaram para nossa cidade. Sempre lhe dei dinheiro e, para que o marido não desconfiasse, ela lhe dizia que sabia lidar com as finanças. Ajudei-a na compra de um caminhão novo, uma boa casa, dois apartamentos, paguei os estudos dele. Ninguém ficou sabendo.

— Quem é meu irmão? – perguntou Noel baixinho. – É uma grande revelação saber agora que tenho um. Por favor, me diga, quem é ele? Será Dárcio? Não, a mãe do meu amigo não se chama Rosa Maria. Eu o conheço?

Novamente se fez silêncio. Até que Ari resolveu esclarecer:

— Carlos!

Noel quis dizer algo, não conseguiu. Recordou dos muitos comentários de que eram parecidos. Tentou lembrar da fisionomia de Rosa Maria, sua mãe, mas não conseguiu. Não a sentia como mãe, vira-a poucas vezes e não prestara atenção nela. Nunca notou que ela o observava, que o olhava diferente.

— A senhora será sempre minha mãe – Noel abraçou Mara. – Não é? Minha mãe é a senhora!

— Meu filho! Sim, você é meu filho!

Lágrimas correram abundantes pelo rosto de todos, depois de uma pausa, Ari continuou a narrar:

— Quando desencarnei, fiquei bastante perturbado, dois ex-empregados me socorreram. Achei o plano espiritual muito diferente do que imaginara e não gostei de estar desencarnado. Meu estado não era bom, quando Mara veio estar comigo, mas mesmo com ela perto não me adaptei, queria estar encarnado e por isso não conseguia me livrar dos reflexos do corpo físico e, consequentemente, das dores que tive com a minha doença. Não gostamos de Nádia, nem de você ter se casado com ela, e quando vi que sua esposa o traía, e com Carlos, quis sair do posto de socorro. Embora tenha recebido muitos conselhos, não adiantou, saí e fui para perto de vocês. Por uma grande imprudência, piorei meu estado, perturbei-me, às vezes até me iludia, achando-me encarnado. E, comigo por perto, piorou a situação de vocês. Por isso, Noel, pedi a você, e lhe rogo, que não volte à Terra sem permissão. Mara havia ficado no posto, veio até mim para me convencer a voltar, aí contei-lhe esse segredo, ela ficou tão furiosa que até me deu uns tapas. Como nós dois estávamos muito ligados à matéria, sentíamos seus reflexos e essas agressões podiam ser sentidas. Fiquei vagando entre os encarnados, principalmente perto de você e de Carlos. Não queria que brigassem e tentava fazer Carlos afastar-se de Nádia. E Mara resolveu ficar, sem autorização, perto de mim, para me vigiar, ela temia que você pudesse ser prejudicado. Não fomos a causa do que aconteceu, mas pioramos a situação causando raiva, impaciência, cansaço. Foi muito triste!

— Estou lembrando agora do dia em que Gabriel desencarnou, escutei-os brigar, pensei que era impressão – lembrou Noel.

— Pois não foi – afirmou Ari –, estávamos com você no apartamento, vimo-lo chorar e sofremos juntos. Mara me acusou, para ela, naquele momento, era eu o culpado. Quando você gritou conosco, foi assim que nos sentimos; então percebemos que o estávamos prejudicando. Saímos do apartamento, ficamos num canto da fábrica, sentamos no chão e choramos. Rezamos e pedimos ajuda a noite toda; de manhã um socorrista veio nos buscar. Dessa vez, o socorro foi diferente, entendemos a necessidade de aceitar a mudança de plano, adaptar, melhorar, ser útil, e, o principal, ser grato. E, então, melhoramos. Mara me perdoou e quero, Noel, lhe pedir perdão.

— Papai, o senhor não precisa me pedir nada, sempre foi um bom pai. Não me sinto prejudicado por ter voltado, ficado naquela época perto de mim, se fez isso foi porque não tinha compreensão e não foi por mal – Noel consolou o pai.

— Somos responsáveis quando temos oportunidades de aprender e não o fazemos. Quando encarnado, poderia ter entendido todo esse processo, o da desencarnação. Ter vivido melhor; entretanto, vivi como se nunca fosse morrer, ou seja, fazer essa mudança de plano. Obrigado Noel, por me compreender. Sempre senti orgulho de tê-lo como filho! – Ari se emocionou.

Abraçaram-se.

— Queria ficar sozinho – pediu Noel.

Seus pais levantaram-se e saíram. Gabriel colocou as mãos em seu ombro e disse:

— Como vê, papai, sempre temos motivos para amar os inimigos!

Noel ficou sozinho, foi ao jardim, tentou distrair-se olhando as flores, mas não conseguiu. Pensou em Carlos.

"Se o tivesse prejudicado mais, vingando-me como planejei no começo, como estaria agora? Sentindo remorso por ter magoado meu irmão!"

Sentiu vontade de chorar. Foi para o quarto, deitou-se no leito.

"Agora vou chorar! Aqui ninguém me vê!" – pensou.

Mas em vez de chorar, lembrou-se do rosto do irmão e sorriu: – Carlos, amo você! – exclamou.

E adormeceu tranquilo.

♥

Muitos falam em
perdão, mas somente
podemos dizer que
somos capazes de
perdoar, quando
temos motivos
e o fazemos.

A palestra

NOEL ACORDOU DISPOSTO, ESCUTOU BARULHO NA sala, foi para lá e encontrou Emílio e Geraldo conversando. Cumprimentou-os sorrindo.

— Espero não tê-lo acordado – Emílio preocupou-se.

— Não, só ouvi barulho depois que levantei – disse Noel.

— Vamos demorar um pouco para ir ao trabalho, sente-se aqui e participe de nossa conversa – convidou Geraldo.

— Onde vocês trabalham? Que fazem? Desencarnaram há muito tempo? – perguntou Noel, e, percebendo que fizera muitas perguntas, sorriu.

— Eu trabalho no hospital – respondeu Geraldo. – Emílio fez um estudo especial na escola e dedica oito horas por dia a cuidar de desencarnados que fizeram a mudança de planos com muita idade.

— Desencarnei há sete anos – contou Emílio – e Geraldo há vinte e dois anos. Ele morava aqui com a esposa, digo, com Eliane, com quem foi casado, enquanto esteve encarnado. Ela reencarnou há três anos.

— Geraldo, você amava sua esposa? Não está sentindo falta dela? – indagou Noel.

— Somos Espíritos afins, isto é, temos gostos comuns,

combinamos muito e nos tornamos grandes amigos. Ela quis reencarnar para continuar um trabalho que deixou inacabado, eu poderei ajudá-la daqui – respondeu Geraldo.

— E se ela se casar com outro lá? – perguntou Noel.

Os dois riram e Geraldo elucidou:

— Noel, isso poderá acontecer e acho certo. Eliane, que agora tem outro nome, merece encontrar uma pessoa boa que lhe dê apoio no estágio encarnado. Quero, vibro, para que ela tenha esse período no físico com muitas alegrias – respondeu Geraldo, tranquilo.

— Vocês não vão se encontrar mais? – Noel quis saber.

— Afetos não se separam, uma vez amigos, sempre amigos – Geraldo sorriu.

— Emílio, por que você trabalha com desencarnados que fizeram a passagem para cá idosos? – Noel perguntou curioso.

— Desencarnei com muita idade, noventa e sete anos, e fiquei muito tempo sozinho. Casei-me muito novo, aos dezoito anos, tive cinco filhos, três desencarnaram jovens, uma menina, com nove anos, com tifo; um garoto, com dezesseis, de picada de cobra; e um outro, com vinte e dois anos, que já era casado e pai de dois filhos, este ficou doente por meses. Os outros dois filhos mudaram de plano com mais idade, mas antes de mim. Fiquei viúvo com sessenta e seis anos. Vivi sozinho, os netos já estavam também velhos e foram se afastando. Com a idade de setenta e nove fui para um asilo. Foi um período triste, fui tratado como um inválido lá. Às vezes me deixavam fazer alguma atividade, outras achavam que era velho, incapaz de trabalhar. Senti muita solidão, mesmo tendo feito muitas amizades, as quais também fui perdendo. Quase sempre os internos saíam de lá para ir ao cemitério, quando tinham o corpo físico morto. A vida no asilo era uma rotina tristonha, levantava, tomava o café, esperava pelo almoço, depois o lanche da tarde, o jantar, a hora de dormir. Como era bom receber visitas, mas eu as recebia muito pouco, alguns netos ou bisnetos. Era uma alegria quando pessoas voluntárias iam nos visitar, conversar conosco, nos ouvir. Fiquei doente, dois anos no leito, não andava, falava pouco. Fiz minha passagem quietinho, dormi lá e acordei num posto de socorro. Aqui não encontrei parentes, a esposa e os filhos haviam reencarnado. A equipe de trabalhadores desta casa de auxílio modificou meu perispírito, remoçou-me para me ajudar, para não sentir tanto o reflexo da velhice e me sentir incapaz. Permaneci no posto alguns meses, depois vim para cá. Aqui na colônia estudei e estou me preparando para ir trabalhar com os encarnados, vou fazer parte de uma equipe que auxilia os idosos em instituições.

Noel prestou muita atenção no relato de Emílio, achando muito interessante. Virou-se para Geraldo e indagou:

— E você, desencarnou de quê? Qual foi o motivo do seu corpo físico ter morrido?

— Por uma doença do coração – respondeu Geraldo. – Fumava muito e sabia que o fumo fazia mal, como também trabalhava demais, e com quarenta e seis anos tive um infarto fulminante que me fez mudar de plano. Fiquei muito confuso, não entendi o que me acontecera. Senti uma dor forte e pensei que desmaiei. Um orientador me orientou, aqui, tempos depois, que fui desligado do corpo no hospital dos encarnados para onde fui levado ao passar mal. Fiquei no abrigo da parte espiritual deste sanatório. Dias depois, saí desorientado e fui para minha casa. Vibrando de forma tão confusa, perturbada, comecei a prejudicar, sem querer, minha família, que passava por momentos difíceis com meu falecimento. Uma irmã de minha esposa a convidou para ir a um centro espírita, ela foi e lá pediu por mim. Socorreram-me, recebi uma orientação por uma incorporação, numa sessão de desobsessões, aproximei-me de um médium, disse-lhe o que pensava e ele falava; um orientador encarnado me doutrinou. Levei um susto ao saber o que ocorrera comigo. Trouxeram-me para cá, esforcei-me para me adaptar e quis ser útil. Faz tempo que moro aqui e gosto muito de viver sem o corpo físico. Pena que, para entender isso, tive que sofrer um bocado. Agora, Noel, temos que ir trabalhar, já falamos muito, espero que não o tenhamos cansado.

— Foi um prazer ouvi-los, tive duas boas lições com os seus relatos. Bom trabalho!

Saíram e Noel pensou: "Todos aqui trabalham muito e eu quero também servir."

Pegou o folheto com os cursos que havia na colônia e examinou-os. À tarde se inscreveu em todos que conseguiu. Organizou bem seu horário. De manhãzinha aprendeu a lidar com as plantas. Fez o curso para aprender a volitar, de como se alimentar, e até um outro, à noite, no teatro, de como representar. Conheceu toda a colônia e fez muitos amigos. Em atividade, nem sentia o tempo passar. E continuou cuidando do jardim da moradia deles e os dos vizinhos. Às vezes ia com a mãe no trabalho dela e por duas horas ficava com o pai na grande fábrica da colônia, onde confeccionavam as vestimentas usadas no plano espiritual. Ari explicou-lhe que as roupas podem ser plasmadas pelos desencarnados que o sabem fazer, e as fábricas existem para dar atividades aos muitos desencarnadas que ainda não estão preparados para outras tarefas.

Ari e Mara se entendiam bem e Noel gostou de ser mimado pelos dois e por todos os moradores que, nas suas folgas, saíam com ele para passear. Numa tarde, Tininha o convidou:

— Noel, você não quer ir comigo ao bosque? É um lugar encantador.

— Quero! Obrigado por me convidar.

Foram no outro dia, pegaram um aeróbus, pois esse recanto fica numa das extremidades da colônia. Passear nesse veículo é muito agradável, os que circulam pela cidade espiritual têm janelas amplas e vão devagar. Noel aproveitou para olhar tudo e concluiu que a moradia dos desencarnados é realmente maravilhosa. Desceram na entrada. O bosque é um lugar com muitas árvores e um lago muito lindo de águas cristalinas. Noel e Tininha andaram por todo o recanto. Ele observou tudo, curioso, e perguntou:

— Que árvore é esta? Tem muitos anos? Dá frutos?

Tininha sorria, respondeu algumas, outras foram indagar aos encarregados de cuidar do local. Noel então soube que as árvores tinham vida longa, que muitas eram de espécies conhecidas no plano físico. Depois que conheceu tudo, sentaram-se num banco. Noel lembrou-se da ilha, falou dela a Tininha, depois pediu:

— Fale-me de você. Quanto tempo desencarnou e de quê?

— Para que você entenda minha história, vou começar contando a você, Noel, a encarnação que tive anterior a esta última, porque tudo começou nessa minha reencarnação passada, no século XVIII, antes de ter recebido o nome de Tininha. Morava numa cidade pequena, fui muito bonita e meus pais me casaram, isto é, arrumaram um casamento para mim, quando eu fiz quinze anos. Não amava meu esposo, quis amá-lo, esforcei-me para isso, mas não consegui, era sonhadora, muito ingênua e sonhava com um amor romântico. Antes de fazer vinte anos, já tinha três filhos e um marido que era doze anos mais velho, ciumento e grosseiro. Sofria por isso e tinha até medo dele. Queixava-me muito aos meus pais que era infeliz e os culpava por me terem feito casar jovem e por não terem escolhido um bom marido para mim. Um primo do meu esposo foi passar uns tempos na cidade e nos visitava sempre. Esse moço era gentil, calmo, muito inteligente e apaixonou-se por mim e eu por ele. Um dia ele deixou algo numa gaveta da sala de minha casa, me fez um sinal indicando, compreendi que era alguma coisa para mim e, quando fiquei sozinha, fui rápido abrir a gaveta. Era uma carta, uma missiva apaixonada que me deixou feliz. Passamos, então, a nos corresponder. Ficou então mais difícil suportar o marido e decidi matá-lo, livrar-me dele. Não contei a ninguém, nem a esse moço, que certamente não concordaria. E surgiu, logo depois, uma oportunidade. Um irmão do meu esposo, que morava perto, foi uma noite nos visitar e eles tomaram muito vinho, meu esposo deitou-se completamente embriagado. Ele dormiu imediatamente e eu o sufoquei. Friamente, coloquei o travesseiro no seu rosto, ajoelhei em cima, segurei com toda força. Ele se debateu, mas não conseguiu me vencer, só soltei minutos depois, quando não se mexia mais. Constatei que estava morto, arrumei tudo como de costume, tentei dormir, não consegui, estava aliviada, livre para amar e ser amada. Tentei me tranquilizar fazendo planos e pensando em como seria feliz. Só quando ouvi o barulho da empregada na cozinha foi que me levantei, troquei de roupa e gritei. Logo a casa se encheu de gente, o médico veio e constatou que ele estava morto. Falei que meu esposo deitara tarde, estava bêbado e que nada ouvi. Naquele tempo não tinha como investigar, acharam que seu falecimento se dera por alguma doença do coração ou que ele se engasgara com vômito por estar embriagado demais. Fiquei feliz por estar viúva, poderia me casar com o moço que amava, passamos a nos corresponder mais ainda. Achei que meu sogro estava desconfiado; ele me fez muitas perguntas e estava me vigiando. Escrevi ao meu amado e pedi que fosse me buscar. Fugi largando meus três filhos com a empregada, com a ordem de deixá-los com meu sogro.

No local marcado, nós nos encontramos, partimos de carruagem puxada por dois cavalos. Levei poucas coisas, algumas roupas. Ele sentou-se ao meu lado feliz por estar comigo, pela primeira vez ficamos a sós, ele segurou minha mão.

Íamos para uma cidade longe daquela onde morava. No caminho, ficamos sabendo que havia pela estrada alguns escravos fujões que estavam atacando as pessoas e que um grupo comandado por um capitão-do-mato os perseguia e que deveríamos ter cuidado. Ele quis parar ou voltar, eu não, fiquei com medo de que meu sogro desconfiasse que eu assassinara meu esposo.

Continuamos a viagem apreensivos, chegamos num trecho em que a estrada estava muito perigosa, porque havia tido um deslizamento. Ouvimos tiros e resolvemos ir em frente fazendo os cavalos irem mais rápido. Com os tiros mais perto, os animais se assustaram e, ao passar por um pedaço estreito, a terra deslizou e caímos num precipício. Desencarnamos no acidente. Foi um período confuso e de muito sofrimento.

Ficamos perturbados, os três, e meu esposo nos acusava. Esse moço foi socorrido primeiro, nós dois ficamos por um tempo no umbral, ele sofria e me fazia sofrer muito. Fui socorrida em lastimável estado, muito perturbada. Ele não quis o socorro, não quis perdoar e ainda queria se vingar. Mesmo socorrida, padeci muito com o remorso, quis esquecer e recomeçar e me foi dada a bênção da reencarnação. Voltei ao plano físico tendo os mesmos pais, eles quiseram me receber porque sentiam que erraram me obrigando a casar e por não terem ouvido minhas queixas.

Tininha fez uma pausa, suspirou, Noel ficou quieto, olhou-a com carinho, ela sorriu triste com as lembranças e continuou a contar:

— Noel, gosto muito do livro *O Evangelho segundo o espiritismo*, leio sempre o texto: "Honrai vosso pai e a vossa mãe." Essa leitura toca profundamente os meus sentimentos. São muitos os pedaços que sei de cor: "O espiritismo vem lançar luz sobre os problemas do coração humano. Não há caridade sem o esquecimento das ofensas e das injúrias, não há caridade com ódio no coração e sem perdão."[5]

Ela fez novamente uma pausa, passou as mãos pelos cabelos castanhos cacheados, olhou para ele e voltou à narrativa.

— Com três anos, desencarnei com difteria, sofrendo muito com asfixia. Fui socorrida e, pouco tempo depois, reencarnei

---

5. NAE: Tininha não disse exatamente como está escrito neste valoroso livro doutrinário, *O Evangelho segundo o espiritismo*, de Allan Kardec, capítulo 14, com explicação do Santo Agostinho, "A ingratidão dos filhos e os laços de família".

novamente no mesmo lar. Tive somente uma irmã, muito mais velha. Meus pais, quando nasci, já não eram tão jovens, eles me amavam muito e cuidaram sempre de mim. E meu ex-esposo não me perdoou, cursou uma escola de vingadores no umbral, preparou-se, achou-me encarnada e me perseguiu com ódio e paixão. A presença dele junto a mim me perturbava, era obsediada, ele me fazia lembrar meus erros do passado. Fiquei confusa e adoeci, a culpa fez adoecer meu cérebro, às vezes ficava muito deprimida, outras perturbava. Fui muitas vezes internada em casas de repouso. Nada para mim dava certo, namorados se afastavam logo, não conseguia fazer bem nenhum trabalho, por isso não parava em empregos. Meu pai desencarnou e dois meses depois foi mamãe que mudou de plano. Fiquei sozinha na casa que recebi de herança. Minha irmã, já idosa e sempre doente, pouco me dava atenção e me internou numa clínica; desta vez para não sair mais. Fiz amigos lá, senti, porém, muita solidão. Esse Espírito que me odiou se vingou mesmo. Fiquei doente, câncer nos pulmões, não padeci muito com a doença, ela se espalhou pelo meu corpo rápido e a medicação agravou uma enfermidade no coração. Faz três anos que desencarnei. Foi numa tarde chuvosa de outono, com cinquenta e seis anos. Fui socorrida, mereci ser, nessa encarnação não cometi erros, sofri muito, aprendi a ser resignada e sempre que pude ajudei as pessoas. Não estranhei nada por aqui. Havia lido muitos livros espíritas, quando estava na clínica. Fui, sou grata por ter sido trazida para esta colônia e me recuperei logo. Estou morando com vocês, porque meus pais estão estudando em outra colônia, logo que voltarem estaremos juntos de novo.

— Que aconteceu com ele, o obsessor, seu ex-marido? – perguntou Noel.

— Vingou-se, e essa vingança não lhe deu felicidade, como não dá para ninguém. Ficou me vigiando o tempo todo que estive encarnada, me fez sofrer. Essas dificuldades foram para mim um aprendizado e me ajudaram a melhorar minha maneira de ser, tanto que ao desencarnar mereci ser socorrida e vir para uma colônia. Agora ele não me vê mais, está no umbral.

— Você não pensa em ajudá-lo? – indagou Noel.

— Agora não conseguiria – respondeu Tininha. – Não sei qual seria minha reação ao vê-lo, como também não sei qual será a dele. Quando puder, estiver preparada, posso tentar ajudá-lo, pedir perdão e perdoá-lo, porém não quero ir sozinha nem ficar perto dele. Sei que você vai dizer que não o perdoei de fato. É que tenho medo dele, pavor; quando penso nele, tenho vontade de chorar e de me esconder. Como vê, Noel, não me sinto preparada para vê-lo.

— Como ele perdeu tempo! – observou Noel. – Você foi socorrida, teve duas encarnações, modificou-se para melhor e ele continua na mesma. Em vez de fazer algo de bom a si mesmo, ficou com ideia fixa na vingança. Você viveu, sofreu, aprendeu e ele não, o tempo precioso passou e ele estacionou.

— Quem se vinga, primeiro se prejudica – disse Tininha. – Desta vez, vou demorar para reencarnar, e, quando o fizer, vou pedir para que seja longe dele e espero não encontrá-lo. Penso que daqui a três reencarnações é que talvez esteja preparada para estar perto dele.

— Tininha, eu também penso que você agora não está preparada para se confrontar com esse Espírito. Deve dedicar-se ao estudo e trabalhar, pois é assim que nos preparamos e aprendemos a lidar com as dificuldades. Desculpe-me se a fiz recordar algo tão doloroso. Vamos ver de novo o lago?

O passeio foi muito agradável. Quando voltaram, Noel foi para seu quarto e sentiu-se aliviado por não ter se vingado como havia planejado e era agradecido por ter lido os livros espíritas que o fizeram mudar de planos. "Se tivesse me vingado" – concluiu ele – "teria perdido um tempo precioso e não estaria aqui, neste local maravilhoso junto de afetos."

Muitos, em vez de cuidarem de si e tentarem estar bem, querem infelicitar o desafeto, podem até prejudicar, mas se infelicitam.

Noel sentiu pena do ex-esposo de Tininha; a vingança não lhe dera a satisfação esperada e abrira um abismo entre os dois: esse Espírito sofria com a falta dela, pois ainda a amava. Ele também amou Nádia, e, como tudo passa, esse amor transformou-se em carinho, e agora a sentia como uma amiga.

Gabriel veio logo depois vê-lo e convidou-o:

— Papai, hoje à noite haverá uma palestra muito interessante. Não quer ir comigo?

Noel gostava muito de sair com o filho, achava-o inteligente, estudioso, calmo, e explicava com detalhes tudo que ele perguntava. No horário marcado, foram os dois para o teatro e Gabriel esclareceu:

— A palestra que iremos ouvir é sobre um tema muito importante: "Amai os inimigos". Teremos o prazer de escutar um palestrante de outra localidade que está nos visitando e tem estado em várias colônias ensinando o *Evangelho*. Fez isso com sabedoria, quando encarnado, e aqui no plano espiritual continua sua tarefa de educador.

Noel se encantou com a beleza do teatro; havia três grandes na colônia. Este a que foram era em círculo, com o palco na frente da entrada. As poltronas eram confortáveis e enfeitavam-no algumas plantas em vasos. Com todos os lugares ocupados, uma senhora fez uma oração de abertura e em seguida convidou todos a cantarem duas músicas muito bonitas, hinos de amor à vida, de incentivo ao trabalho e ao bem. Depois apresentou o convidado, que encantou a todos com sua simplicidade e pelo seu modo agradável de falar. Noel prestou muita atenção, memorizou o que achou mais importante.

"Amai os vossos inimigos, texto do 'Sermão da Montanha', contido no *Evangelho de Mateus*. Palavras de Jesus ditas a uma multidão, depois das preciosidades das bem-aventuranças. O Mestre ensinou e recomendou: Amai os vossos inimigos. É este um dos dizeres mais repetidos nas igrejas cristãs e talvez o menos praticado.

Mais que ninguém, você será o beneficiado ao perdoar, pois, ao fazê-lo, livrará seu coração da mágoa, do ódio que maltrata e corrompe, da agonia que o faz sofrer.

E como justificamos dizendo que sempre há motivos para haver desavenças e por elas ter desafetos. É pelo orgulho que ofendemos à toa, melindramo-nos por qualquer olhar ou palavra de desprezo, exigências que nos diminuem etc. E, imprudentemente, achamo-nos muitas vezes no direito de revidar as ofensas, vingar as injúrias e, se for algo mais grave, passa-se a odiar e torna-se, infelizmente, inimigo. Ódio com ódio cria uma força negativa, uma bola de neve em que um se vinga do outro, levando ambos a sofrer. Se odeio a quem me odeia, cria-se uma energia nociva, e, ao continuar a ser alimentada, somente multiplica. Não só aumenta as trevas daqueles que o sentem, mas também as minhas, e estas se espalham ajustando-se às outras iguais. Inimigos estão nas trevas, longe da luz da compreensão e do perdão.

Para mim, deve ser indiferente se a pessoa merece ser odiada; se a odeio, contribuo para tornar o mundo pior, com mais energias nocivas. Porque semelhantes se atraem, forças negativas procuram outras, como as positivas, aumentando-as. E, se quero a Terra melhor, devo contribuir para que seja de boas vibrações. E, se odeio, tornei-me pior, sou autor desses sentimentos ruins e terei os efeitos deles em mim. Ninguém pode atingir alguém sem atingir primeiro a si mesmo.

O que entra no homem não o torna impuro, mas sim o que sai dele, isso sim, o faz impuro. Ódio, rancor... isso sai de dentro do indivíduo. O mal que recebo de alguém, não me fez mal. E, antes de me atingir, prejudicar, faz mal a ele mesmo, pois fez dele malfeitor. Infeliz é o malfeitor, porque faz para si próprio.

Agora, se alguém é meu inimigo, mas eu não o sou dele, é ele que está nas trevas, no erro. Ele me odeia, não eu a ele. Não aumento a má energia, mas também, se não destruo a dele, nada faço por esse indivíduo.

Somente o amor pode anular o ódio. Com a luz do amor atuo positivamente, construindo, iluminando as trevas e eliminando as energias destruidoras. Anulando esse sentimento inferior no outro, substituo as trevas pela luz e assim torno o mundo melhor, a casa que o Pai Criador nos deu por moradia.

Para fazer do inimigo, amigo, em nossa gramática, é tão fácil, basta cortar o prefixo negativo 'in'. É só cortar o negativo em nós e não ficar neutro, adquirir o positivo, o sentimento da amizade e fazer do desafeto, amigo.

Amar seus inimigos é um ensinamento de muita sabedoria para todos que querem cristificar, caminhar rumo ao progresso. Ame a si mesmo e a todos como irmãos que somos."

Terminando a palestra, o orador fez uma prece muito comovente, que levou muitos a se emocionarem, depois, ele ficou respondendo algumas perguntas. Os convidados, no auditório, ficaram conversando fraternalmente sobre o assunto. Noel quis ir embora, o que ouviu o emocionara muito. Gabriel e o pai saíram do teatro, em frente havia uma praça encantadora com canteiros floridos. Noel olhou para o céu e comentou:

— Como são lindas as estrelas, aqui vemos o firmamento mais nítido.

— É verdade, papai, a natureza é tão bonita, deveríamos ter sempre alguns minutos para observá-la. É tão prazeroso ver uma árvore, uma flor, o céu azul, as nuvens, as estrelas. É uma terapia para quem está nervoso, cansado e triste.

— Gabriel, arrependo-me por ter prejudicado Nádia e Carlos. Se, na separação, tivesse tido mais calma, compreensão, teria me entendido com sua mãe. Se pudesse voltar atrás, não faria o que fiz. Mas nada volta, o rio corre sempre no mesmo lugar e as águas não são as mesmas.

— Papai, esqueça isso, se você lembrar, que seja somente para tirar lições, para agir acertadamente no futuro. É difícil encontrar alguém que não tenha errado, feito algo que não deveria ter feito. O importante é reconhecermos nossos erros, resolver com sinceridade, construir onde destruímos e aprender a amar.

Foram andando devagar. Noel gostava de passear pelas avenidas largas e mais ainda na companhia do filho.

— Gabriel, você já teve inimigos? – perguntou Noel.

— Devo ter tido. Não me lembro. Nas reencarnações recentes não os tive e não quero tê-los – respondeu Gabriel, falando rápido. – Não quero ofender nem me sentir ofendido. Posso ser até prejudicado, receber uma maldade, acredito que não farei nada, porque tenho intenção de não revidar, de perdoar e tentar amar os autores das desavenças.

— É por isso que é tranquilo, você está harmonizado! – exclamou Noel.

— Quero estar sempre assim, é meu propósito de vida!

Gabriel acompanhou o pai até em casa, depois foi para o educandário, tinha trabalho a fazer. Noel foi para o quarto e ficou pensando, estava se sentindo muito bem, queria trabalhar, ser útil à comunidade que o abrigara. Tentar ser um polo positivo para anular o negativo e, para isto, teria que aprender a amar de forma pura e verdadeira.

— Como é bom escutar palestras edificantes! – exclamou sorrindo. – Ainda não perdi o hábito de falar sozinho!

Pegou um livro para ler. Estava dormindo muito pouco e alegrava-se por isso, tinha assim mais tempo para estudar, instruir-se e ler. Ficou horas lendo, deliciando-se com as informações obtidas.

"Bendito seja o bom livro!" – pensou alegre.

♥

O espiritismo vem lançar luz sobre os problemas do coração humano.

Não há caridade sem o esquecimento das ofensas e das injúrias, não há caridade com ódio no coração e sem perdão.

Visitas

CHEGOU O TÃO ESPERADO DIA DE NOEL COMEÇAR A fazer um curso, o estudo para conhecer o plano espiritual. Esses cursos são muito interessantes, existentes em quase todas as colônias. Desencarnados que estão aptos a ter esses conhecimentos matriculam-se. Esse estudo tem data certa para começar e para terminar. Não são todos os desencarnados socorridos que o fazem, para cursá-lo, precisam estar preparados, isto é, ter plena consciência de sua mudança de planos, querer melhorar, ser útil e aprender. Mas não existe somente essa maneira de conhecer a espiritualidade. Muitos que não querem estudar vão trabalhar e aprendem no decorrer dos anos. Esse estudo é muito importante, os estudantes assistem às aulas teóricas sobre um assunto ou lugar, depois vão conhecê-los em excursões, ajudando os trabalhadores do local em auxílio ao próximo.

Noel ficou temporariamente hospedado na escola. O primeiro encontro foi uma confraternização em que se conheceram, ele gostou de todos do grupo. Ficou no quarto com Júlio, um senhor agradável e muito educado. Enquanto esperavam o início da primeira aula, ficaram conversando.

— Acabei um outro curso na semana passada. Fiz um estudo de conhecimentos gerais. Encarnado, fui um semianalfabeto – contou Júlio.

— Aqui se aprende a ler? A escrever? – Noel indagou espantado.

— Claro! Encarnado, quis muito estudar, não tive oportunidade. Aqui, foi a primeira coisa que pedi para fazer. Fiquei muito feliz por aprender. Por que se espanta, amigo? Conhecimentos são adquiridos com o esforço do trabalho e estudo. Muitos pensam erroneamente que, ao ter o corpo físico morto, há uma transformação sem esforço, que o desencarnado sabe e pode tudo. Nada disso: aprender é necessário e o estudo é a melhor forma. O indivíduo que não sabe ler nem escrever terá dificuldades para fazer muitas coisas por aqui.[6]

---

6. NAE: Júlio tem razão, conhecimentos são adquiridos com nosso esforço, seja no plano físico ou no espiritual. Para saber ler e escrever necessitamos aprender, estudar. Muitas vezes, o desencarnado analfabeto já havia aprendido em outras encarnações, mas, para lembrar desse detalhe, quase sempre recorda de outros fatos e muitos deles não estão preparados para isso. Os que já tinham conhecimentos aprendem mais rápido. Também há os que sabiam, mas em outros idiomas, necessitam aprender a linguagem falada no lugar em que atualmente vivem. A maioria dos analfabetos que, ao desencarnarem, vem às colônias por merecimento, tem oportunidades de aprender e quase todos o fazem. Esse curso que Noel fez é muito importante. Na sala de aula estudam sobre o umbral e lá vão conhecê-lo; sobre os postos de socorro, e visitam vários. São diversos os assuntos estudados. Ao terminá-lo, o aluno tem bastante informação e estará apto a servir, ser útil e continuar aprendendo.

— Se não souber ler não faz esse curso? – perguntou Noel.

— Os analfabetos são convidados, incentivados a fazer primeiro o que eu fiz, frequentar a escola. Se eles não quiserem aprender a ler, terão que esperar um curso especial em que a parte teórica é mais simples e os instrutores explicam mais – respondeu Júlio.

Noel achou interessantíssimo o curso e estudava animado, indagava muito e achou fantástica a organização do plano espiritual. Comentou isso com seu instrutor e esse o esclareceu:

— Para que se tenha ordem e disciplina, tem que haver harmonia entre os dirigentes. Aqui, para ser administrador, tem que ter muitos anos de desencarnado, dedicação ao trabalho, conhecimentos, carinho pela comunidade. Tudo que é feito aqui, em todo o plano espiritual, é para o bem geral. Por isso, Noel, tudo por aqui é organizado porque é dirigido com amor e sabedoria.

Gabriel foi visitá-lo na escola e escutou por minutos o pai narrar com eloquência o que aprendia no curso.

— Estou falando como se você não soubesse disso – Noel riu.

— Alegro-me por vê-lo tão entusiasmado! – exclamou Gabriel, sorriu e voltou a falar mudando de assunto. – Papai, sei que tem livres as tardes de quarta-feira, e queria convidá-lo a fazer umas visitas comigo.

— Vamos visitar quem? Amigos desencarnados? Outras colônias? – perguntou Noel.

— Você irá conhecer outras colônias no decorrer do curso. Vou levá-lo à Terra, até os amigos encarnados – respondeu Gabriel.

— Não tenho pensado nos encarnados, não sinto falta nem tenho me lembrado deles. Estou adaptado, o plano físico ficou no passado e estou aqui com muitos projetos e com propósito de cumprir meus objetivos. Será, Gabriel, que me sinto assim por não ter deixado grandes afetos por lá?

— Gosta do Dárcio? – perguntou Gabriel, e Noel afirmou com a cabeça. – Claro que tem afetos lá, amava ou ama muitos e é querido. Aqui teve a alegria de estar com seus pais e comigo. Foi um encarnado prudente não se ligando a bens materiais e, esforçado, adaptou-se rápido à nossa maneira de viver.

— Agradeço o convite e aceito. Aonde vamos?

— Faremos três visitas, na primeira quarta-feira o levarei à ilha, na segunda, à fábrica e, na terceira, para ver minha mãe – informou Gabriel.

Noel nem ficou ansioso. Envolvido no estudo, não deu importância às visitas programadas. Isso era raro, normalmente os desencarnados gostam de visitar afetos, anseiam por vê-los e saber como estão.

Na quarta-feira, Gabriel buscou o pai na escola, no horário combinado. Depois de abraçá-lo, disse:

— Vamos sair da colônia pelo portão! E vamos volitando.

Noel havia feito o curso de volitação, gostava de volitar. Durante esse aprendizado, saía diversas vezes da colônia, foi até o plano físico, sem ir, entretanto, a nenhum lugar específico. Atravessaram o portão e, quando este se fechou, Noel o observou: era muito lindo, no alto estava uma placa identificando a cidade espiritual. Esta era toda cercada por muros altos e, do lado de fora, à sua volta, havia alguns metros onde se podia caminhar, depois o vazio, o espaço. Estar ali era como estar numa névoa. Esse pedaço em volta da colônia não é igual em todas e, por incrível que pareça, a visão que se tem desse local é diversa aos desencarnados. Isto é, muitos, ao vê-la, a descrevem de modo diferente, uns mais acostumados no plano espiritual, e que sejam observadores, têm a visão mais ampliada por treino e sabem como elas são construídas, veem de um modo, sem essa névoa; outros, que não têm tanto interesse, a veem sem detalhes. Essa névoa que Noel viu é a que a maioria dos desencarnados vê. Se algum Espírito maldoso ou sofredor chegar perto de uma dessas cidades, normalmente vê a névoa; se chegar perto para pedir socorro, pode ser atendido ou até socorrido pelos trabalhadores que cuidam da segurança.[7]

Noel suspirou, sentiu que saía de seu lar. Gabriel sorriu e disse:

— Que bom, papai, você já se sente como morador! Vamos volitar rápido e de mãos dadas.

Noel compreendeu que o filho sabia de sua inexperiência e lhe deu a mão.

Volitar rápido é como pensar num lugar e estar lá. Assim, segundos depois, estavam na vila dos pescadores. O visitante

---

7. NAE: Escutei de um recém-desencarnado, que estava conhecendo a colônia, este comentário: "A cidade espiritual está sobre uma nuvem!" Não está. As colônias ficam bem acima. Ele teve esta impressão porque ela está suspensa no espaço e esta névoa pode dar impressão, a muitos, de ser uma nuvem. Talvez seja por isso que muitos encarnados imaginam o céu sobre uma nuvem. Acredito que seja por algumas lembranças do estágio na espiritualidade.

olhou tudo, naquela hora da tarde os homens estavam no bar conversando. Ele ficou observando os amigos, viu por ali alguns desencarnados e assustou-se quando se defrontou com Mané.

— Gabriel, Mané desencarnou e pelo visto não sabe!

— Vamos escutar seus amigos – convidou o filho.

Noel ficou quieto, aproximou-se e ouviu Severino dizer:

— Hoje faz dois meses que Mané morreu. Ainda não me conformei, primeiro foi Noel, nosso Papai Noel que saiu da ilha para falecer na cidade de forma esquisita, numa tempestade num lago, depois Mané, picado de cobra.

Mané estava perto deles, escutou e chorou. Ele não viu Gabriel nem Noel. Desencarnados que não conseguem entender o que ocorreu com eles normalmente ficam perturbados, confusos e normalmente veem os encarnados e outros desencarnados como eles.

— Fique aqui, papai, vou levar Mané para um abrigo, um posto de socorro que temos logo ali, na cidade vizinha.

Gabriel pegou Mané, volitou com ele e Noel ficou ali escutando os amigos, uns dez minutos depois, Gabriel voltou e explicou ao pai:

— Pedi abrigo no posto de auxílio para Mané, deixei-o lá, será atendido e espero que fique bem. Vamos agora à sala de atendimento que você mandou construir.

Não era o dia de o médico ir, o local estava vazio. Entraram, Gabriel explicou:

— Aqui é a salinha de espera; nesta outra, o consultório do médico; aqui é a pequena farmácia; e neste cômodo funciona uma pequena enfermaria.

Havia nesta sala duas camas hospitalares confortáveis e alguns aparelhos de emergência.

— O médico está treinando a professora e uma outra senhora que é parteira para ajudar os enfermos. Aqui ficam internadas mulheres que vêm ter seus filhos e os doentes das localidades vizinhas. Foi muito bom para eles você ter feito este mini-hospital.

— Você está bem informado, meu filho. Por quê?

— Venho aqui sempre, tenho ajudado nesses atendimentos – respondeu Gabriel.

— Você sempre ajudou, não é? Era você que me auxiliava quando, encarnado, atendia os moradores daqui? – perguntou Noel.

— Sim, orientei você nos auxílios que prestava.

Noel saiu e ficou olhando a escola, teve vontade de entrar. Nesse momento a aula terminou, as crianças saíram alegres e logo em seguida saiu Maria Inês. Rufino, um pescador agradável, pessoa boa, a esperava. Noel aproximou-se dos dois e pelo que ouviu estavam noivos e pensavam em se casar.

— Alegro-me por Maria Inês, Rufino será um bom marido – disse Noel para Gabriel.

— Maria Inês o amava, sofreu quando você foi embora e ao saber de sua desencarnação. Rufino ama a professorinha há muito tempo, foi persistente e acabaram namorando. Vamos desejar felicidades a eles. Que tal agora ir à ilha?

— Posso volitar devagar? É tão bom ver o rio, a mata e os animais – pediu Noel.

Volitaram devagarinho, perto do solo, rente às águas, e Noel divertiu-se como um garoto com um brinquedo novo. Virou olhando para o céu e lembrou-se de quando deitava em sua canoa e observava as nuvens, o azul do infinito. Viu as copas das árvores, o rio, os peixes. Gabriel sorria em ver a alegria do pai. Chegaram à ilha.

— Vou sentar nesta pedra enquanto você passeia por aí – disse o filho.

Noel foi à sua antiga cabana, estava abandonada, suja e com alguns paus podres. Depois foi à sua horta, o mato havia tomado conta, somente dois tomateiros continuavam a dar frutos. As árvores frutíferas estavam bonitas.

— Tudo precisa de cuidado! Não devo ficar triste, sabia que isso ia acontecer! – disse baixinho.

Para sua alegria, viu Tortugo e a Ruga, estavam crescidos, fortes e bonitos.

De repente, começou a chover, Noel correu para a cabana. Ao ver aquilo, Gabriel riu e continuou sentado. Noel arriscou a mão, o braço, colocando-os na chuva, não molhou, riu também. Saiu da cabana, pulou contente, os pingos de água passavam por ele e não o molhavam. Viu as gotas brilharem, caírem no solo, sentiu o cheiro da terra molhada.

— Que lindo! Como a chuva é maravilhosa! Que bom vê-la lavar tudo, molhar o solo! E ela não me molha! – exclamou Noel, entusiasmado.

— Papai, você sabe, tem consciência da sua mudança de planos, já aprendeu como viver desencarnado, não tem o reflexo do corpo físico, por isso não sente a matéria. É maravilhoso realmente ver a chuva, as gotas d'água passarem por nós e não nos molharem. Desencarnados que estão iludidos, que ainda pensam que estão no corpo carnal, os que são apegados ao físico, sentem os reflexos e, achando que a chuva os molha, se sentem molhados por ela. Por isso vemos desencarnados correrem da chuva, como você fez, abrigarem-se, e, se ficarem ao relento, encharcarem-se. Vamos para casa?

— Como é bom dizer casa ao se referir ao local que nos abriga por lar. Obrigado, filho, pelo agradável passeio!

Volitaram de volta. Noel voltou à escola e, na quarta-feira seguinte, Gabriel foi buscá-lo novamente e, como da primeira vez, em segundos volitaram até a cidade do plano físico em que Noel viveu encarnado.

O visitante prestou muita atenção. Achou engraçado quando comparou seu corpo perispiritual com os que vestiam a matéria. Viu alguns desencarnados andando pela cidade, uns de aspecto não muito agradável, outros de aparência sofredora e uns pareciam estar trabalhando. Gabriel explicou:

— Papai, somos livres para fazer o que quisermos e responsáveis pelo que fazemos. O que você vê não difere muito do que via quando estava encarnado; os maus continuam agindo errado até que queiram mudar, e o plano em que estão não interfere nessa mudança. Sofredores há nos dois planos, como também os que gostam de auxiliar. Vamos ao cemitério.

Foram andando. O cemitério, visto por um desencarnado, também difere muito, dependendo do que ele foi fazer ali. Um socorrista vê um campo amplo de trabalho; um desencarnado perturbado, um local de diversão; para o mau, lugar propício em que poderá fazer maldades; e um visitante, para conhecer. Noel preferiu não observar os desencarnados que lá estavam. Foi ao túmulo da família. Estava limpo e com flores. Gabriel comentou:

— Dárcio ordenou que um trabalhador da fábrica, no horário de trabalho, venha aqui toda semana para limpar e paga uma floricultura para colocar flores uma vez por semana. Esse empregado que aqui vem o faz com prazer e capricho. Minha mãe vem aqui também e traz flores.

Noel olhou o túmulo em que seu corpo físico foi enterrado, leu os dizeres e não sentiu nada, ia pedir para Gabriel para irem embora, quando viu Rosa Maria, e sentiu que ela orava por ele.

— Gabriel, a mãe de Carlos está orando por mim!

— Rosa Maria sente remorso pelo que fez, agiu levianamente traindo o marido e se entristece quando pensa que deixou você com Ari. Ela jurou que nunca iria falar que era sua genitora e realmente guardou segredo. Carlos escondeu dela que tinha uma relação com sua esposa; quando soube, estavam para morar juntos. Ela sofreu e fez de tudo para Carlos desistir e para que vocês não brigassem. Por isso, Nádia, minha mãe, não gosta dela.

Noel a observou bem e exclamou:

— Minha mãe é Mara! Entendo Rosa Maria e não lhe guardo nenhuma mágoa, ela deve ter motivos para ter escolhido Carlos para ficar com ela. Amo-a como um ser humano, mas mãe é aquela que me criou, que me amou, é Mara!

— Vamos ver o terreno loteado?

Gabriel perguntou, pegou na mão do pai, saíram do cemitério, volitaram baixo, devagar, ele foi informando ao pai:

— Os terrenos que os empregados ganharam estão em construção, a maioria deles faz mutirão, trabalhando com a família nos sábados à tarde, domingos, feriados e as casas vão surgindo. Dárcio cumpriu o que prometeu: ali está a creche quase pronta e a escola funcionará no próximo ano letivo. Minha mãe herdou os terrenos que você reservou para ela, e ela e Carlos doaram este lote para ser construída uma igreja católica e, ao lado, um asilo.

— Está tudo como planejei e muito bonito! – exclamou Noel.

— Papai, agora vamos à fábrica.

A fábrica não mudou. Noel andou por ela, reviu os funcionários e foi ao escritório. Dona Marli estava atarefada, e Marcos era o funcionário de confiança de Dárcio, que era presidente, e, na sua sala, em lugar de destaque, estava uma foto grande dele. Emocionou-se ao ver o amigo, ele estava trabalhando demais para dar conta dos dois cargos e estava sendo um ótimo prefeito.

— Papai, Dárcio pegou para si alguns objetos que lhe pertenceram: o relógio, que guarda com carinho, o porta-retrato com a minha foto e seus livros espíritas. Começou a ler por curiosidade, para se sentir perto de você e interessou-se. Luciana e ele passaram a frequentar o centro espírita e estão gostando do que aprendem. Serão, os dois, bons espíritas.

— Que boa notícia! – Noel alegrou-se.

Abraçou Dárcio, este não sentiu, mas lembrou-se do amigo com saudades e desejou a Noel alegrias com Jesus.

Noel voltou feliz para a colônia.

Na segunda-feira, quando terminou sua aula, Noel foi para o alojamento. Gabriel o esperava.

— Papai, preciso conversar com você. Na quarta-feira iremos visitar Carlos e minha mãe; antes disso, preciso falar deles a você. Os dois não se casaram e não estão bem.

Gabriel fez uma pausa, suspirou, Noel ficou quieto, segundos depois ele recomeçou a falar:

— No dia do acidente em que desencarnei, fui à garagem,

escutei mamãe discutir com Carlos, penso que ele pretendia que ela fizesse algo e mamãe não queria. Assustei-me e me escondi embaixo do carro. Carlos não gostava de Bob, não o queria mais dentro de casa. Eu, por duas vezes, defendi o cão dos seus chutes. Ele entrou no carro, sentiu que ia passar sobre alguém, pensou que era Bob.

— Meu Deus! Ele matou você! – exclamou Noel suspirando tristemente, lágrimas escorreram abundantes pelo seu rosto.

Gabriel o abraçou, ficaram em silêncio uns momentos. Gabriel então disse tranquilamente:

— O acidente ia acontecer, iria ficar com uma perna muito machucada e teria deficiência para andar. Pela imprudência de Carlos, vim a desencarnar. A desencarnação não é castigo. Todos nós que reencarnamos temos que deixar o físico, e, para mim, que nada sofri, foi bom. Dormi e acordei aqui, na colônia, no educandário. Adaptei-me logo e voltei à minha aparência anterior em que fui médico, e retornei aos meus estudos e trabalho. Achei que deveria ajudá-lo e, como soube que não ia demorar muito no plano físico, tive permissão de esperá-lo. Se eu não sofri, Carlos sentiu muito. Quando ficou sabendo que não fora o cachorro que atropelara, desesperou-se, não disse nada porque teve medo. Nádia acreditou nele, como todos. Mas sua consciência o acusava e ele tentou esquecer. Depois de tudo que aconteceu no lago em que você os salvou, Carlos se inquietou, sentiu muito remorso, pensou, martirizando-se, que fora a causa da morte do seu único filho e que você não hesitou em salvar os três. Acabou contando à minha mãe, que não quer perdoá-lo. Ela já se sentia culpada pelo que acontecera e agora sente mais; entretanto, prefere colocar toda a culpa em Carlos do que assumir sua parte, pois, infelizmente, mamãe me usou para chantageá-lo. Ela me amava, entendeu isso quando desencarnei, antes ela não ligava para mim, resolveram me usar para tirar dinheiro seu. Sofreu quando ocorreu o acidente, pela primeira vez Nádia sentiu as adversidades da vida, viu-se sem amigos, desprezada até pelos familiares e pelos pais de Carlos, que não queriam essa união; ficou sem dinheiro e sentiu a minha falta. Quando Carlos, não aguentando mais guardar esse segredo, contou a ela, a união deles, que já não estava bem, piorou. Mamãe sempre esteve dividida entre o amor de vocês dois. Como você mesmo lhe disse, ela amava o que estava longe. Achei que deveria saber disso antes de irmos visitá-los. Compreenderei se não quiser ir agora, poderemos deixar esse encontro para outra data.

Gabriel calou-se. Noel, que o olhava atento, compreendeu que o filho estava sereno, tranquilo, concluiu que ele era, sem dúvida, um ser especial.

— Você os perdoou, não é? – perguntou Noel.

— Eles não me ofenderam – respondeu Gabriel. – Papai, quando vim para cá, pensava que Carlos não teve culpa. Foi depois de um tempo é que vim saber a verdade e não fez diferença para mim e espero que não o faça para você. Seu irmão foi imprudente, agiu no impulso de magoá-lo matando seu cachorro, pois sabia o quanto gostava daquele animal. Teve a intenção de aborrecê-lo, esquecendo que Bob era um ser vivo. Não quis me tirar a vida física, mas foi a causa. Tenho que ir agora, amanhã virei aqui para saber sua resposta, se iremos ou não fazer a visita a eles na quarta-feira.

Gabriel o beijou e saiu. Noel ficou sentado no mesmo lugar, sem se mexer, pensou em tudo que o filho lhe contara e concluiu:

"Antes ser a vítima! Antes receber uma maldade que fazer uma! Quando recebemos um mal, podemos sofrer, mas não nos tornamos maus. Quem faz a má ação é dono dela e a reação é dolorosa. Carlos sofreu mais que eu, não padeço mais, ele continua sofrendo. Vou visitá-los como Gabriel planejou."

A tranquilidade voltou. Noel sentiu-se bem novamente, foi estudar, estava contente com o curso, queria participar e aproveitar ao máximo os conhecimentos adquiridos. No dia seguinte deu a resposta ao filho, que se alegrou; na quarta-feira, no horário marcado, foram ao lar de Nádia e Carlos.

Samuel e Vinícius estavam brincando na sala, Carlos estava deitado e Rosa Maria estava com ele, e, pela conversa que Noel ouviu, a mãe somente vinha visitá-los quando Nádia não estava em casa. Logo após terem chegado, ela foi embora. Gabriel pediu ao pai para observar Carlos, ele estava com muitas cicatrizes na perna, tinha emagrecido muito, sua fisionomia era abatida. Um par de muletas estava ao lado da cama.

— Carlos não pode ainda colocar o pé no chão e só se locomove com as muletas. Ele tem ido à loja pela manhã; à tarde faz o serviço de escritório aqui no quarto, porque tem ainda que repousar. Ele sente muitas dores.

— Meu irmão! Soa estranho, mas ele é meu irmão! – exclamou Noel olhando-o com carinho.

Carlos não notou a presença dos dois, porém sentiu um fluido diferente, agradável, lembrou de Noel e suspirou triste.

Noel sentiu vontade de fazer algo pelo irmão, aproximou-se dele dando-lhe bons fluidos e tentou transmitir seus pensamentos:

"Carlos, reaja! O importante é o que você fará agora, no presente. Não se martirize! Você não quis matar Gabriel. Esqueça esse fato triste. Você é responsável por Samuel e Vinícius. Seja bom pai!"

Carlos sentiu-se melhor. Nesse momento, Nádia chegou do trabalho na loja. Beijou os filhos e sequer veio ver o marido, foi para a cozinha. Noel aproximou-se dela e compreendeu que a amava como um ser humano, como uma irmã. Sua ex-esposa também sofria, não conseguia perdoar Carlos e estava indecisa: separava-se dele ou não. Noel sentiu que deveria falar com ela, aconselhá-la. Falou com carinho, com calma, Nádia não escutou, porém recebeu as palavras do ex-marido como se fossem seus pensamentos:

— Nádia, não coloque a culpa só em Carlos. Foi uma fatalidade. Se você acha que não foi boa mãe para Gabriel, seja agora para esses dois que brincam na sala! Permita que eles cresçam junto do pai. Não abandone Carlos e perdoe-o!

— Perdoar Carlos! – exclamou Nádia baixinho. – Será que consigo? Noel nos perdoou, morreu para salvar meus filhos, ele nos deu o exemplo. Não soube o que Carlos fez; agora, no céu, deve saber e, com certeza, perdoou. Preciso perdoar também, me acertar com Carlos e criar nossos filhos, amá-los mais do que amei Gabriel.

— Nádia - aconselhou Noel –, tente ser boa, responsável. Como você necessita de perdão, perdoe!

Ela deu um sorriso triste, foi à sala e beijou os filhos novamente, mas o fez de forma diferente, com amor. As crianças sentiram carinho, riram contentes. Nádia pensou:

"Tenho que fazer a felicidade deles, Noel morreu para que eles vivessem para mim. Amo Noel, mas ele já não me amava nem vai voltar!"

— Vamos embora, Gabriel! Espero que eles tenham paz e que se entendam.

— Antes de ir, vamos nos despedir de Carlos – determinou Gabriel.

Carlos estava telefonando, conversava com alguém sobre a construção do asilo, estava empenhado em ver a instituição funcionando e decidido a trabalhar auxiliando os velhinhos.

— Carlos está com boa vontade de ajudar, modificar-se para melhor e conseguirá. Agora vamos? – convidou Gabriel.

— Obrigado, meu filho – agradeceu Noel abraçando Gabriel. – Você me fez entender muitas coisas, amadureci, compreendi que quando perdoamos fazemos um bem enorme a nós mesmos. Que Deus abençoe este lar e que eles consigam se harmonizar.

Foi muito bom para Noel ter feito aquelas visitas, saber de tudo. Tranquilo, dedicou-se ainda mais ao estudo. O grupo de colegas era como se fosse de familiares seus e ele compreendeu que a humanidade era sua família e que ninguém fica realmente bem, feliz, enquanto um de seus membros não estiver. E bem-aventurado aquele que está em condição de auxiliar. Noel quis com vontade ser um servidor. O tempo passou rápido e ele concluiu o curso com grande proveito.

♥

Antes ser a vítima! Antes receber uma maldade que fazer uma! Quando recebemos um mal, podemos sofrer, mas não nos tornamos maus. Quem faz a má ação é dono dela e a reação é dolorosa.

O passado

QUANDO TERMINOU O CURSO, NOEL OPTOU POR UM trabalho de estágio, e ficaria de três a seis meses servindo em lugares diferentes. Começou ajudando no hospital, depois iria para postos de auxílio no umbral; em seguida, a locais de ajuda entre encarnados, estagiaria em vinte lugares. Concluindo o estágio, iria para uma colônia de estudo, estudar por dois anos, isso para realizar seu sonho: fazer parte de uma equipe de construtores.

— Certamente – disse Noel a Gabriel – serei aprendiz por muito tempo. Durante o curso, vi o trabalho dos construtores, encantei-me e almejei ser um. Vimo-los construir um mini-hospital, um posto de auxílio maravilhoso que fica em cima de um recém-inaugurado centro espírita. Quero ser um construtor aqui no plano espiritual e não pouparei esforço para isso. Esse estágio será para que eu conheça bem essas construções e suas utilidades.

— O trabalho desses construtores é muito importante – opinou Gabriel –, eles estão sempre aumentando as colônias, postos, abrigos e construindo muitos locais de auxílio no plano físico nos lugares que têm como objetivo ajudar as pessoas. Quase todos os centros espíritas possuem como continuação

10

da construção material outros prédios que servem de abrigo aos desencarnados. Foi uma maneira que os dirigentes espirituais encontraram para auxiliar os necessitados sem sobrecarregar as colônias. Nesses locais, trabalham muitos encarnados quando o corpo carnal adormece. E são muitos os trabalhadores do plano físico que servem nesses abrigos. Alegro-me, meu pai, por ter optado por esse trabalho, é uma tarefa que requer esforço, treino, força de vontade, dedicação e muitos anos de aprendizado.

Noel foi servir aprendendo. Visando ao seu objetivo, fazia seu trabalho com abnegação e sempre se dedicando horas a mais. Enquanto estagiou na colônia, ficou morando com os pais, gostava de estar com eles, amavam-se e eram felizes juntos.

Foi a todas as localidades na colônia, viu tudo e indagava muito. Concluiu que tudo no plano espiritual tinha serventia, estava harmonizado e que todos os lugares foram planejados.

As colônias aumentam de tamanho sempre que precisam e, quando isso é feito, os construtores responsáveis se reúnem e trabalham visando ao bem do local. Planejam e executam juntos, alegres por servir.

Servindo no hospital, nas enfermarias, Noel viu que lá havia muito a fazer, os imprudentes são muitos e também os que querem ser servidos. Faltam servidores, e o trabalho é bastante. Ele se entristeceu muitas vezes ao ver os sofrimentos dos abrigados, dos que amaram mais a matéria perecível do que as verdades espirituais. São muitos os indivíduos que vivem somente para as ilusões da matéria, ao serem expulsos desse mundo que idolatram, sofrem sua falta e levam tempo para adaptar-se a outra forma de viver, a de desencarnados. Noel gostou de sua tarefa, achou que poderia ficar muito tempo servindo ali no hospital, mas a vontade de realizar seu sonho era mais forte, sentiu em deixar esse trabalho, e encantou-se logo com a outra tarefa: foi designado a estagiar no bosque, amou plantar árvores, cuidar dos animais. Gostou tanto de fazer isso que, por vezes, esquecia-se de ir para casa e ficava dias envolvido no trabalho.

— Você, amando cada trabalho que faz, ficará indeciso sobre a tarefa a se dedicar – Mara riu.

— Mamãe, estou feliz, amo a vida, e viver para mim é trabalhar, servir. Já escolhi o que quero fazer aqui no plano espiritual. Quero ser construtor! – exclamou Noel alegre, abraçando a mãe.

Foi enquanto estudava nos seus estágios que Noel teve algumas lembranças de outras existências que vivera no físico, eram recordações vagas. Comentou esse fato com Gabriel, que lhe explicou:

— Papai, nossa vida é única, viver encarnado e desencarnado são fases de aprendizado. Tudo que vivemos fica registrado em nossa memória espiritual. O esquecimento com a reencarnação é bondade do Pai Criador para que recomecemos realmente. Seria complicado para a maioria de nós viver encarnado com as lembranças de atos, fatos que muitas vezes repelimos no momento. O objetivo de voltarmos ao físico é para progredir, querer bem ao maior número de pessoas, para que, um dia, a humanidade seja uma só família, amando uns aos outros como irmãos. Conheço muitas pessoas que, encarnadas, recordam, sejam sozinhas ou com auxílio. Já vi casos de obsessores que fazem suas vítimas lembrarem para perturbá-las. Aqui, no plano espiritual, não há diferença do plano físico; no umbral, Espíritos maus, para se vingarem, fazem as vítimas recordarem. Aqui, nas colônias, os que querem lembrar do passado podem fazê-lo sozinhos, se estão preparados para isso, ou pedem auxílio. Há nas colônias departamentos que ajudam com segurança os que querem saber o que foram, o que fizeram em suas vivências na matéria.

— Você já se lembrou do que fez nas suas encarnações? – perguntou Noel.

— Já. Desencarnado é mais fácil recordar. Estando preparado é bom saber, isso incentiva a ter objetivos para realizar determinados trabalhos, sejam esses preparativos ou construtivos. Não pense você que, pelo fato de estar desencarnado, recordamos de tudo – explicou Gabriel.

— A desencarnação é um processo de mudança complicado para muitos. Quando chegamos aqui, vemos tantas coisas, novidades, e temos muito que aprender. Não esquecemos a nossa última passagem pelo físico e, às vezes, já bastam essas lembranças para nos incomodar. Se, de imediato, recordarmos de todas as nossas reencarnações, seria excesso de informações – concluiu Noel.

— Papai, as pessoas diferem bastante, muitas retornam à pátria espiritual sem conhecimentos, outros têm muitos. Aqueles que têm conhecimentos quase sempre recordam o passado, as que não têm e não se interessam em receber normalmente reencarnam sem recordar.

— Acho que vou me inscrever no departamento e pedir auxílio para lembrar – decidiu Noel.

— Se se sente preparado para isso, deve fazê-lo. Mas não se esqueça que todos nós temos bons e maus momentos, já fizemos boas e más ações – aconselhou Gabriel.

Noel continuou a ter determinadas lembranças que vinham independentemente de sua vontade, sem sequer estar pensando nelas. Numa noite, estava deitado no sofá com a cabeça no colo de sua mãe, que passava carinhosamente as mãos pelos seus cabelos, e sentiu, com certeza, ter sido bom filho e pai nas suas últimas encarnações. Como uma tarde, ao dar explicações a um visitante sobre uma árvore, lembrou-se que já trabalhara, encarnado, com plantas, recordou o local em que morou, as plantações que fez, da fisionomia que teve. Outras vezes, conversando, vinham à memória conhecimentos sobre aquele assunto. E teve a certeza de que já convivera com Nádia e Carlos.

Inscrevera-se no departamento pedindo ajuda para recordar. Antes de serem atendidos individualmente, a maioria dos candidatos ouve diversas palestras que lhes permitem compreender que o passado passou e que não conseguiremos modificá-lo. Para nós, o importante é o presente, o nosso agora, o momento, e que não devemos deixar de realizar o bem que nos cabe para o futuro. São vários orientadores que dão palestras e, após, permanecem no local para responder a várias perguntas.

Noel gostava muito de assistir a palestras, aprendia ao ouvir pessoas com conhecimentos falarem sobre determinados assuntos. Emocionou-se com alguns relatos que ouvira nesses encontros no Departamento da Reencarnação e compreendeu que muitos ali estavam para recordar o passado por terem problemas. Um senhor disse que amara a mãe como mulher e isso o martirizou durante o período que estivera encarnado. Sofreu muito com a culpa, envergonhava-se do seu sentimento, acreditava que esse fato triste poderia ser explicado recordando existências anteriores. Esse senhor foi orientado a recordar. Noel, tempos depois, encontrou-o e ele lhe disse que, de fato, vivera junto desse Espírito que fora sua mãe, muitas vezes se amaram com paixão, e por esse sentimento erraram muito. Reencarnaram como mãe e filho na tentativa de transformarem essa paixão em amor sincero. Sentiu-se bem melhor ao saber de tudo, estava agora tranquilo, disposto a trabalhar e a se melhorar.

Teve oportunidade de conversar com muitas pessoas após essas palestras e todos ali achavam a reencarnação algo justo, que leva a compreender a bondade e a justiça de Deus.

Muitos, ao ouvirem essas palestras, desistem de saber do passado, entendem que não devemos fazê-lo somente por curiosidade, como também não devemos lembrar sem preparo. Saber que fomos heróis ou que fizemos atos bondosos é reconfortante, mas quando temos conhecimento de fatos desagradáveis em que fizemos ações ruins, podemos nos entristecer e, se não estivermos preparados, correremos o risco de nos perturbar. Noel pensou por dias e optou por recordar, porque já estava fazendo sozinho. Dia e hora marcados, chegou ao departamento tranquilo e foi atendido por Selma, que o ajudou.

Atualmente, em todas as colônias, há locais especializados para atender indivíduos interessados em saber sobre reencarnação, esse processo importante a todos nós. São muitos os desencarnados que se dedicam a esse trabalho. A maioria desses trabalhadores está se preparando para voltar ao plano físico e dedicar-se à ciência e provar por ela esse fato que nos leva a compreender a vida como um todo, como única.

Noel achou maravilhoso. O departamento funcionava num prédio simples, confortável, com várias salas e um salão para palestras.

Selma levou-o para uma saleta onde ficaram só os dois, pediu para que deitasse e explicou-lhe:

— Noel, essa recordação se faz de diversas maneiras. Temos um aparelho que projeta a imagem que tem gravada na sua memória. Isto é, você vai recordando e, com nossa ajuda, as imagens vão aparecendo nessa tela. Outra forma é um dos trabalhadores daqui ajudar induzindo quem quer recordar a organizar essas lembranças. Foi o que optamos para você. Fique relaxado e deixe as lembranças virem naturalmente. Estarei ao seu lado.

A orientadora experiente foi induzindo Noel a lembrar, e este o fez. Recordou-se de muitas vivências, fatos importantes de cada experiência sua ao plano físico.

Às vezes Noel sorria, em outras, chorava; porém, seguindo as orientações de Selma, esforçou-se para ficar tranquilo. Sentiu uma sensação estranha todas as vezes que recordou as desencarnações que teve, foram muitas, em algumas sentiu medo e dores.[8]

---

8. NAE: Como seria bom se nós todos compreendêssemos o processo justo, natural, que é a desencarnação. Deixaria de ser traumatizante para ser uma mudança sem grandes problemas. Esse fato, narrado por Noel, acontece muito, eu mesmo, ao recordar meu passado, me entristeci em ver meu sofrimento em quase todas as minhas desencarnações.

Noel recordou que vivera em muitos países, tivera muitos pais, filhos e que, de fato, nas suas últimas encarnações tanto fora bom pai como bom filho. Trabalhou em muitos setores, fez muitas coisas, teve muitas aparências.[9]

Foi na Idade Média, na Europa, que ele viu Nádia e por ela se apaixonou. Carlos já havia reencarnado junto dela e em todos esses encontros a amara com paixão. Quando Noel a conheceu, era casado com a irmã de Carlos, e este também tinha esposa. Nádia era empregada em sua casa e tornou-se amante dos dois. Carlos contou o fato à irmã, e Noel à esposa dele. A mulher de Noel a mandou embora e a fez ir para longe. Carlos e Noel discutiram, ficaram um tempo sem se falar, depois voltaram a conviver, embora não gostassem um do outro.

Tempos depois, reencarnaram. Carlos era filho de Rosa Maria e casou-se com Nádia. Noel era casado com Luciana e, por motivo de trabalho, mudaram-se para a cidade em que Carlos morava. Luciana era ótima esposa e amava muito Noel, os dois eram até então felizes. Noel, ao conhecer Nádia, apaixonou-se e tornaram-se amantes.

---

9. NAE: Certamente tudo que ele recordou lhe foi de muita importância, como os acontecimentos vividos por nós nos são importantes. Ele me narrou o que teve a ver com os acontecimentos de sua última existência. Nádia, Carlos e ele por muitas vezes estiveram juntos na roupagem física. Os dois sempre amando Nádia e ela dividida, ora amando um, ora outro. Tiveram muitos nomes, que servem apenas para designar, e por isso continuaremos a chamá-los pelos que conhecem para não confundir o leitor.

Noel, ao lembrar esse fato, suspirou profundamente e sentou-se no divã. Selma pegou na sua mão e indagou:

— Você quer parar? Como está se sentindo?

— Quero continuar, Selma – pediu ele. – Senti a paixão que me corroía naquele tempo. A paixão é como um fogo avassalador que perturba, desarmoniza e dói. Ainda bem que não tenho mais esse sentimento. Vamos continuar![10]

E as lembranças continuaram...

Carlos soube da relação dos dois e intimou-o para um duelo. Duelaram e Carlos morreu. Rosa Maria, a mãe de Carlos, sofreu muito com a morte do filho e odiou Noel. Luciana também sofreu, porém continuou ao lado do esposo, e ele, embora amasse a família, não largou de Nádia. Gabriel era filho de Noel, estudou, era médico, estava sempre preocupado com o pai. Uma vez, quando Noel quis abandoná-los para morar com Nádia, Gabriel lhe quebrou as pernas. Ele então teve que ficar em casa e não se recuperou mais, tornou-se inválido, andava com dificuldades. Ele se separou de Nádia quando estava velho e doente.

Carlos e Noel tornaram-se inimigos, passaram a se odiar e a perseguir um ao outro.

---

10. NAE: Às vezes, quando recordamos, sentimo-nos reviver e podemos sentir dores e alegrias. São sensações rápidas. Noel tem razão, paixão nada tem a ver com o sentimento do amor. Todos nós que queremos progredir temos que superar esse sentimento da paixão e aprender a amar de forma tranquila, querendo o bem do ser amado.

Sentir ódio é estar inquieto, sobressaltado, nervoso e infeliz. Odiando, esquecemos tudo de bom que nos aconteceu e o que poderá vir a acontecer, para estar ligado ao ser que odiamos.

Noel se contorcia no divã, suou, sentiu a garganta seca. Sentiu a agonia da espera com medo do revidar do outro e a aflição de planejar uma maldade. Selma o acalmou. Sentindo-se tranquilo, voltou a recordar.

Sofreram ambos por um tempo no umbral, foram socorridos, prometeram esquecer o rancor. Reencarnaram como irmãos e Nádia ficou no plano espiritual; sem ela por perto, embora não se gostassem, não tiveram desavenças.

Desencarnaram e no plano espiritual encontraram-se com Nádia. Os três prometeram não brigar mais e reencarnaram numa mesma cidade.

Como Nádia reencarnou primeiro, casou-se muito nova com Ari, um senhor de terras muito rico. Ari era filho de Mara e esta morava com eles. Noel e Carlos eram dois jovens bonitos que se conheciam sem ser amigos e os dois novamente se apaixonaram por Nádia, que brincava com os sentimentos deles e tornou-se amante dos dois. Mara sabia, contou para Ari, que nem ligou, ele tinha também várias amantes. Nádia ficou grávida e Mara não quis que o filho nascesse. Como poderia saber se era seu neto? Então deu a Nádia, sem que ela soubesse, chás abortivos, e ela abortou. Isso aconteceu por diversas vezes. Ari apaixonou-se por outra mulher e, aproveitando-se do mau procedimento da esposa, expulsou-a de casa. Noel e Carlos brigaram por ela, voltaram a se odiar, ambos a queriam para esposa. Como os dois eram pobres, Nádia foi embora para longe com outro que era rico. Ficaram desapontados, sofreram, não brigaram mais e continuaram se odiando.

Foram separados por duas encarnações, onde tentaram se harmonizar. Reencontraram-se no plano espiritual, planejaram se encontrar no plano físico e provar, cada um a si mesmo, que agiriam certo dessa vez. Noel combinou com Luciana que ficariam juntos. Carlos se casaria com Nádia, ajudando-a a ter responsabilidades no matrimônio.

Mas Nádia preferiu Noel por este ser rico, e ele deixou Luciana.[11]

Gabriel, que havia planejado ser filho de Noel e Luciana, reencarnou como filho dele. Noel prometeu ser bom esposo para Luciana e Nádia se empenharia em ser fiel a Carlos. Luciana, como merecia, teve um ótimo marido, casando-se com Dárcio. Nádia não soube ser fiel ao esposo. Se, no passado, Noel matou em duelo Carlos, nesta última teve o corpo físico morto para salvá-lo. Carlos e Nádia ficaram juntos tendo oportunidade de se acertarem e Noel sarou da paixão que nutria por ela; se a reencontrar numa outra encarnação, serão certamente somente amigos.

---

11. NAE: Encarnados, não somos obrigados a cumprir o que se planejou. Nosso livre-arbítrio é respeitado tanto para se planejar como para executar. Se esses planos são feitos nas colônias, os orientadores dão conselhos, instruem e voltamos ao físico entusiasmados e com boa vontade. As ilusões materiais são fortes e, encarnados, mudamos muitas coisas. Infelizmente é uma minoria que regressa à pátria espiritual com os objetivos cumpridos.

Noel sentiu-se emocionado e aliviado quando acabou. Agradeceu a Selma, foi para casa, entrou no seu quarto e ficou pensando em tudo que recordara. Alegrou-se por não ter mais atos negativos a serem resgatados e suas próximas encarnações seriam, para ele, de provas. Provar a si mesmo que aprendeu, e seu objetivo seria progredir sempre.

Compreendeu que o passado não importava, não queria pensar mais nele. Tinha reparado seus erros, fez dos inimigos, amigos. Essas recordações tinham-no feito compreender muitos fatos, que tudo tem razão de ser. O passado ficou para trás, nada volta, os lugares que tinha recordado não são agora como antes. Noel fez uma comparação: quando tinha onze anos, uma vez foi a uma outra cidade com os pais, visitar uma parente de sua mãe. Essa senhora agradável morava numa rua tranquila, numa casa em cuja frente havia uma grade baixa e branca. A anfitriã os levou para conhecer a cidade, ele gostou muito de ver um rio que passava pela metrópole, foram até uma pequena queda d'água que tinha ao lado um mirante, subiram numa escada enorme de ladrilhos pequenos formando pitorescos desenhos. Anos depois, ele voltou àquela cidade. Após ter feito o que o levara ali, foi à rua em que residiu sua parente, esta já não era tranquila, a casa era habitada por outras pessoas, porque essa senhora tinha se mudado, a grade agora era alta e escura. Voltou ao mirante, ainda continuava um lugar bonito, porém se modificara muito, porque passara por uma grande reforma e já não existiam os pequenos ladrilhos. E não estava mais acompanhado pelos pais, que tinham falecido. Não se deve prender-se ao passado, tudo muda, transforma-se, e nada volta a ser como era. Quem se prende aos acontecimentos que se foram perde quase sempre a oportunidade de desfrutar do presente e é este, o momento atual, que deve nos interessar.

No outro dia, Noel encontrou-se com Gabriel, contou-lhe tudo que havia recordado, e finalizou:

— Meu filho, bendito seja Deus que nos dá a oportunidade da reencarnação! Você sabe que eu sou amigo de Dárcio, quero-o muito bem. E não me recordei dele no meu passado.

— Papai, temos que ampliar nossos afetos, fazer novos amigos e nunca mais ter inimigos. Muitas vezes reencarnamos junto de pessoas com os mesmos gostos, modo de ser, afinamo-nos com eles, os amamos e esta pode ser a primeira vez que vivemos juntos. Com Dárcio e você foi assim. Esse seu amigo reencarnou para provar que era capaz de ser honesto, mesmo tendo oportunidades e facilidades para ficar com bens alheios. Dárcio é um exemplo de honestidade, está tirando nota máxima na sua prova.

— Sabe que conclusão tirei disso tudo? – perguntou Noel e ele mesmo respondeu: – Saber do passado não fez diferença para mim. A gente sempre é que complica nossa existência, damos nós de erros e, para desatá-los, exige-se paciência, perseverança, força de vontade, e uma vez desatados, sentimo-nos livres para, com o fio da vida, alçar voos rumo ao progresso. Somente se sente preso ao passado quem não desfez esses nós, quem tem algo a reparar, a construir onde destruiu. Como é bom sentir-se livre para planejar o futuro, fazer oferta de agradecimento a Deus, tendo reconciliado com nossos irmãos. Sinto-me preparado para ser útil, adquirir conhecimentos, e quero progredir sempre, pois aprendo a amar.

Gabriel o abraçou emocionado.

— Uma vez amigo, meu pai, sempre amigo! Nossa amizade foi fortalecida. Amo-o!

— Obrigado, Gabriel! – Noel agradeceu sorrindo comovido. – Realmente tenho muito o que lhe agradecer, não só a você, também a todos que ajudam a melhorar a Terra, a nossa morada abençoada.

♥

Não se deve prender-se ao passado, tudo muda, transforma-se, e nada volta a ser como era. Quem se prende aos acontecimentos que se foram perde quase sempre a oportunidade de desfrutar do presente e é este, o momento atual, que deve nos interessar.

A vida continua

O SEXTO ESTÁGIO DE NOEL FOI NO EDUCANDÁRIO. E Gabriel fez questão de lhe mostrar tudo e esclarecer suas dúvidas.

— A maioria das pessoas, quando desencarnam, volta à espiritualidade sentindo os reflexos do corpo físico. Por isso, muitos sentem fome, sede, dores e necessitam aprender como viver aqui no plano espiritual. Uns demoram mais para se adaptar, outros o fazem rapidamente, dependendo do desapego, de querer se acostumar. Essa vivência difere dependendo do lugar para o qual, por merecimento, são os desencarnados atraídos para ficar ou morar. Os bons, os que aqui chegam com muitos "Deus lhe pague e obrigados", isto é, com boas ações, ficam bem logo. Os que estão acompanhados de más ações são atraídos para o umbral e os reflexos da matéria demoram muito para ser superados. Normalmente, crianças, ao desencarnarem, continuam infantis e necessitam de muitos cuidados e carinho; por isso, sem ser regra geral, vêm para os educandários nas colônias, que são lugares lindos, agradáveis, onde trabalhadores experientes e que gostam de crianças cuidam delas. Na nossa colônia, o "Educandário Infantil Jesus Menino" é espaçoso e maravilhoso. Infelizmente, algumas crianças que foram doentes encarnadas têm o reflexo e este é quase sempre alimentado pelos entes queridos que ficaram no físico, e que pensam nelas adoentadas. Elas gostam de ficar aqui no hospital.

— As crianças ficam aqui temporariamente? – Noel quis saber.

— Sim – respondeu Gabriel –, tudo é temporário, tem tempo para acabar. Estagiamos, meu pai, todos nós passamos períodos encarnados e desencarnados. Ao desencarnar tendo o corpo infantil, podem aqui conosco se desenvolver, isso é, crescer como no físico, ou voltar à aparência anterior como eu fiz, ou ainda permanecer como criança, do modo como fez sua mudança de plano, outras podem reencarnar logo em seguida. Como vê, não existe regra geral, cada ser é importante e o plano espiritual preocupa-se e empenha-se para que aconteça o melhor a cada um.

Pararam em frente ao hospital, Noel soube que era um porque Gabriel o mostrou. Não parecia um nosocômio. Era um casarão, com grandes janelas, com muitas plantas, flores e animais. Lá havia tudo que a criança aprecia: brinquedos, pequenos labirintos, as paredes com desenhos feitos por elas, móveis pequenos. E para os que trabalham ali e os visitantes, a ordem era: alegria e amor.

No jardim da frente, encontraram-se com algumas crianças e Gabriel perguntou-lhes o que era aquele lugar para elas; fez isto para Noel escutar.

— Que é este local para vocês?

— Um palácio encantado – respondeu uma graciosa garota.

— Uma mansão de amor – opinou um menino aparentando ter dez anos.

— Uma escola do futuro – expressou outra menina.

— Um local onde sarei, um hospital de alegria! – exclamou uma garotinha risonha.

Entraram no prédio e Gabriel explicou:

— Observe, meu pai, como este local foi planejado para o bem-estar dos nossos garotos. Para os pequenos abrigados é tudo que falaram; para nós, que aqui servimos, é um hospital. As crianças ficam alojadas por idade e temos à direita uma ala especial para as que têm reflexos do físico mais fortes e que necessitam de mais cuidados.

Ao entrar numa enfermaria onde estavam crianças de três a seis anos, a garotada, ao ver Gabriel, veio correndo abraçá-lo. Ele apresentou Noel.

— Este é meu amigo! – sorriu e falou baixinho para Noel: – A meninada estranharia se lhes dissesse que é meu pai, aparentamos a mesma idade. E você é para mim um verdadeiro amigo.

Noel compreendeu que laços de parentesco, às vezes, são frágeis, os da amizade são tão fortes que se perpetuam. Amigos são por escolha, afinidades, e quando a amizade é sincera é para sempre.

Seguindo seu cicerone, Noel conheceu todo o local. Concordou com o filho, os educandários são realmente lugares maravilhosos, onde se sente o amor reinar. Há ordem e disciplina, as crianças têm aulas de iniciação do *Evangelho*, de moral e de estudos gerais. O lazer faz parte do estágio deles ali, os abrigados praticam muitos esportes, há no educandário bonitas e bem-cuidadas quadras de esportes. As crianças têm aulas de teatro e são incentivadas a ler bons livros. A biblioteca é bem central e muito confortável, encontramos nela livros que encarnados também têm para ler e outros próprios para eles, que no momento vivem com o corpo perispiritual. As aulas de música são sortidas de muitos instrumentos e a garotada gosta muito de aprender; eles têm também aulas de canto e em todos os educandários há corais, crianças gostam muito de cantar. O alojamento, seja o quarto, ou o cantinho particular deles, é muito agradável. Cada um tem o seu, onde guardam seus pertences particulares, tendo sempre fotos de familiares, brinquedos, instrumentos musicais etc. Ali, a meninada é feliz.

Noel encantou-se com o local e Gabriel explicou:

— Papai, lugares que abrigam crianças aqui no plano espiritual são parecidos, existem muitos nas colônias espalhadas pelo nosso planeta. Os orientadores espirituais não têm poupado esforços para que Espíritos que desencarnaram no período da infância tenham, aqui, uma morada agradável, sem esquecer da ordem, disciplina e da educação com amor. Certamente que esses educandários não são iguais, têm até muitas denominações, mas seguem o mesmo objetivo: instruir com exemplo e carinho.

— Ah, se eu soubesse disso! – exclamou Noel. – Se encarnado, quando você desencarnou, tivesse conhecimento do educandário, não teria sofrido tanto.

— Infelizmente, você não se interessou por se informar na ocasião. São muitos os desencarnados que têm permissão e dão essas informações aos encarnados, e basta acreditar, meditar e sentir no íntimo que são verdadeiras. Entretanto, é necessário confiar na bondade de Deus e entender esse processo natural que é a morte do corpo físico. Costumamos complicar, por isso sofremos com a desencarnação de um ente querido.

Foi trabalhando que Noel conheceu com detalhes o educandário. Ensinou as crianças a plantar e a respeitar a natureza, deu aulas de esporte, cuidou dos doentinhos e gostou muito de tudo que fez. Compreendeu o quanto o trabalho de seu filho era importante. Ele era o "tio doutor" dos pequerruchos doentes e estudava muito.

— Quero, papai, quando encarnado, estudar medicina e dedicar-me a curar, a ajudar pessoas com deficiências na fala – explicou Gabriel.

Noel já estava terminando seu estágio no educandário, quando Gabriel veio conversar com ele.

— Papai, vou reencarnar.

— Agora? Não dá para ficar mais tempo aqui? – rogou Noel.

— Não se tem tempo determinado para ficarmos no plano espiritual – respondeu Gabriel. – Nossa permanência aqui difere muito de um para outro, é verificada a necessidade de cada um. Preparei-me muito, meu pai, para fazer um trabalho no plano físico, e é chegado o momento de fazê-lo. Reencarnar, para mim, será um grande desafio, em que provarei a mim mesmo que serei capaz de estudar muito, ser paciente e dedicado ao trabalho. E quando nos sentimos preparados, não podemos temer as provas. Um casal amigo me dará a oportunidade de voltar ao físico. Minha futura mãe logo ficará grávida. Estou passando minhas tarefas daqui a uma amiga e vou me preparar para reencarnar.

— Vou sentir sua falta! – reclamou Noel suspirando.

— Meu pai, a vida continua, ora vivemos aqui, ora acolá. A reencarnação ainda é necessária a nós, Espíritos que almejamos progredir. Com a compreensão que tenho, devo tentar esforçar-me para que esta nossa abençoada morada seja melhor, tudo fazer para cultivar a paz dentro de mim e irradiá-la para o maior número de pessoas. Vou reencarnar contente, anseio por fazê-lo. Entendendo essa boníssima lei, como não dar valor à reencarnação? Como não voltar ao físico repleto de esperanças e boa vontade? Revisto o corpo carnal entusiasmado, feliz e com vontade de continuar a ser útil. Você poderá me ver.

— Não será a mesma coisa, você terá outro pai, outro corpo e não se lembrará de mim – lamentou Noel.

— Afetos não se separam, a ausência não diminui o amor. Eu o amo! – exclamou Gabriel sorrindo.

— Estamos sempre dizendo até logo a afetos e você tem razão, o amor une. Tenho certeza de que você será bem-sucedido e irei visitá-lo sempre que me for possível. Conheço seus futuros pais? – perguntou Noel.

— Sim, meus pais serão Dárcio e Luciana – respondeu Gabriel.

— Isto é bom! Terá os pais que merece! Alegro-me por você voltar ao plano físico tendo-os para orientá-lo.

Noel acompanhou o filho na preparação. Os moradores da colônia, quando querem reencarnar, têm assistência do Departamento da Reencarnação. Gabriel não precisou de muito preparo, ele tinha muitos conhecimentos.

Foi emocionante a despedida dele dos amigos. Noel, Ari e Mara se esforçaram para não chorar. Com votos de êxito,

Gabriel, emocionado, entrou no prédio. Os três voltaram para casa, Mara lastimou:

— Como o adeus ainda me comove!

Ari e Noel concordaram com ela.

Às vezes, nas suas folgas, Noel vinha ao plano físico e, agora, sozinho. Maria Inês, a professora, tinha se casado com Rufino e eram felizes. A fábrica progredia com a administração de Dárcio. Carlos e Nádia continuaram juntos, mesmo tendo muitas desavenças. E agora existia mais um motivo para visitar Dárcio e Luciana: o casal ficara radiante com a confirmação de que teriam mais um filho.

Noel estava contente com seus estágios, empenhava-se em fazer o que lhe cabia do melhor modo possível e aproveitava para adquirir conhecimentos. Foi enorme sua alegria quando foi convidado pelo seu orientador para ajudar os construtores a fazerem um posto de socorro no plano espiritual, acima de um centro espírita que seria formado. A parte material não era grande, era um salão. A equipe encarnada, toda entusiasmada, planejou todos os detalhes e os orientadores do grupo pediram à equipe de construtores para construir um pequeno posto de auxílio aos desencarnados que seriam ali abrigados.

O trabalho dos construtores é de vinte e quatro horas por dia, a equipe é animada e alegre. Receberam Noel e outros convidados com carinho e explicaram todas as dúvidas com paciência. Foram conhecer o local, anotaram o que queriam que fizessem, fizeram a planta, discutiram detalhes. Começaram fazendo uma parede junto à construção material, para ficar protegida, isto é, que na casa somente entrasse quem os orientadores quisessem. Isso impede que desencarnados menos esclarecidos invadam o local para bagunçar. Muitos chamam essa parede de muralha ou cerca de proteção. Depois partiram para fazer a construção do posto. Dias depois, o pequeno abrigo estava pronto, tendo a cor que os encarnados escolheram para pintar o salão.

A construção espiritual estava acima da material, ligada por uma escada, tinha três pisos. No primeiro estava a recepção, salas reservadas para desencarnados conversarem com os orientadores espirituais e a biblioteca. No segundo piso estavam os quartos que abrigam Espíritos adoentados que necessitam de ajuda. Quase todos os trabalhadores desencarnados dessa casa se alojam ali, isto é, têm seu espaço reservado, sua moradia no terceiro piso.

Os construtores deixam o posto prontinho, colocam móveis, roupas, tudo que é preciso. Normalmente se reúnem depois, recebem os agradecimentos e oram, pedindo a Deus, nosso Pai, que ali seja um local de paz e alegria.

Com tudo pronto, eles partem para outra tarefa. Noel ainda ficou no posto olhando tudo com atenção, com ele também permaneceu um deles, uma moça atenta aos detalhes.

— Que biblioteca linda! – exclamou Noel.

— Os trabalhadores do plano espiritual gostam de ler e muitos livros são emprestados ou doados a desencarnados que aqui vêm, seja para visitar ou para receber um auxílio. Muitos necessitados virão nessa casa somente para receber um alívio, mas não estão interessados em mudar para melhor e alguns pegam livros emprestados ou os recebem de presente. Aqui também, no plano espiritual, bons livros são bênçãos, fontes de informações e consolo – explicou a moça que fazia parte da equipe de construtores.

Noel gostou demais de ter participado desse trabalho, voltou ao seu estágio com mais vontade de fazer parte dessa fabulosa equipe.

Ele foi visitar o casal amigo, Dárcio e Luciana, que naquela tarde de domingo fariam o *Evangelho* no lar. Estavam presentes dois Espíritos trabalhadores do centro espírita que eles frequentavam, que aproveitaram para higienizar a casa e os moradores, tirando os fluidos negativos e saturando-os de energias benéficas.

Dárcio leu um texto da história de Jesus para os filhos, após orarem, as duas crianças saíram e Luciana leu duas páginas de *O Evangelho segundo o espiritismo* e os dois oraram novamente.

Quando terminaram, os dois amigos desencarnados foram embora. Luciana estava grávida de sete meses, teria um lindo e saudável menino. O casal, que estava sentado no sofá da sala, ficou conversando.

— Hoje é aniversário do Noel, estou com muitas saudades dele! – exclamou Dárcio suspirando.

— Noel foi, é nosso grande amigo. Dárcio, que tal chamarmos nosso nenê, se for homem, de Noel, para homenagear esse maravilhoso ser humano – disse Luciana.

— Noel não gostava do nome dele. Quando criança, brigou muitas vezes porque o chamavam de Papai Noel. Se quisermos homenageá-lo, devemos colocar o nome no nosso filho de Gabriel, nome que ele gostava, do filho dele – determinou Dárcio.

— Gabriel! Gosto! Está decidido, se for menino será Gabriel, e, se for menina, Gabriela, em homenagem a Noel, nosso querido amigo.

Noel, emocionado, passou a mão na barriga de Luciana e exclamou:

"Que Deus o abençoe, filho querido! Que o Pai Celestial proteja sempre este lar!"

— O nenê gostou do nome, Dárcio, deu um pulo! - exclamou Luciana feliz.

Noel, alegre, voltou à colônia compreendendo bem o significado da expressão: "A vida continua."[12]

---

12. NAE: Noel atualmente faz parte de uma equipe de construtores que tem construído, por todo o Brasil, postos de socorro, locais de abrigo, de auxílio, junto a lugares materiais de ajuda ao próximo.

*Afetos não se separam,
a ausência não
diminui o amor.*

Amai a
nossos
inimigos,
bendizei
os que nos
maldizem,

fazei bem
aos que
nos odeiam,
e orai pelos
que nos
maltratam

e nos persequem; para que sejais filhos do nosso Pai

que está
nos céus.

— Jesus
[Mateus,
5:44]

Amai os Inimigos

© 2022 by Infinda

DIRETOR GERAL
Ricardo Pinfildi

DIRETOR EDITORIAL
Ary Dourado

CONSELHO EDITORIAL
Ary Dourado, Ricardo Pinfildi,
Rubens Silvestre

DIREITOS DE EDIÇÃO
Editora Infinda [Organizações Candeia Ltda.]
CNPJ 03 784 317/0001-54   IE 260 136 150 118
Rua Minas Gerais, 1520   Vila Rodrigues
15 801-280 Catanduva SP
17 3524 9801   www.infinda.com

DADOS INTERNACIONAIS DE CATALOGAÇÃO NA PUBLICAÇÃO [CIP BRASIL]

C2841a

CARLOS, Antônio [Espírito].
Amai os inimigos / Antônio Carlos [Espírito];
Vera Lúcia Marinzeck de Carvalho [médium]. – Catanduva, SP:
Infinda, 2022.

224 p. : il. ; 15,7×22,5×1,2 cm

ISBN 978 85 92968 14 4

1. Romance espírita.   2. Traição.   3. Morte.
4. Vida no além.   5. Espiritismo.   6. Obra mediúnica.
I. Carvalho, Vera Lúcia Marinzeck de.   II. Título.

CDD 133.93   CDU 133.7

ÍNDICES PARA CATÁLOGO SISTEMÁTICO:
1. Traição : Morte : Vida no além
Romance espírita : Espiritismo
133.93

EDIÇÕES
Lúmen: 2002–2013 | 80 mil exemplares
Infinda: 1.ª ed. | março de 2022 | 3 mil exemplares

Impresso no Brasil   *Printed in Brazil*   *Presita en Brazilo*

Colofão

TÍTULO
Amai os inimigos

AUTORIA
Espírito Antônio Carlos
Vera Lúcia Marinzeck de Carvalho

EDIÇÃO
1.ª

EDITORA
Infinda
[Catanduva SP]

ISBN
978 85 92968 14 4

PÁGINAS
224

TAMANHO MIOLO
15,5×22,5 cm

TAMANHO CAPA
15,7×22,5×1,2 cm
[orelhas de 9 cm]

CAPA
Ary Dourado

REVISÃO
Ademar Lopes Junior

PROJETO GRÁFICO
Ary Dourado

DIAGRAMAÇÃO
Ary Dourado

COMPOSIÇÃO
Adobe InDesign CC 17.1 x64
[Windows 10]

TIPOGRAFIA TEXTO PRINCIPAL
[exljbris]
Calluna Regular 11,7/16

TIPOGRAFIA NOTAS DE RODAPÉ
[exljbris]
Calluna Regular 10,7/14

TIPOGRAFIA OLHOS
[DLetters Studio]
Jacky Black 20/32

TIPOGRAFIA CITAÇÕES
[exljbris]
Calluna Regular 10,7/16

TIPOGRAFIA TÍTULOS
[Duck Soup Design]
Milk Drops Bold
[50, 75]/[40, 75]

TIPOGRAFIA FÓLIOS
[Duck Soup Design]
Milk Drops Bold 10

TIPOGRAFIA SUMÁRIO
[Duck Soup Design]
Milk Drops Bold [18, 26, 39]/[25, 28]

TIPOGRAFIA DADOS
[exljbris]
Calluna [Regular, Bold] 10/13

TIPOGRAFIA COLOFÃO
[exljbris]
Calluna [Regular, Bold] 9/11,5

TIPOGRAFIA CAPA
[DLetters Studio]
Jacky Black
[Duck Soup Design]
Milk Drops Bold

MANCHA
103,3×167,5 mm, 30 linhas
[sem fólio]

MARGENS
17,2:25:34,4:32,5 mm
[interna:superior:externa:inferior]

PAPEL MIOLO
ofsete Suzano Alta Alvura 75 g/m²

PAPEL CAPA
papelcartão Suzano Supremo
Alta Alvura 250 g/m²

CORES MIOLO
2×2
preto escala e Pantone 2347 U

CORES CAPA
4×2
CMYK×preto escala e Pantone 2347 U

TINTA MIOLO
Seller Ink

TINTA CAPA
Seller Ink

PRÉ-IMPRESSÃO
CTP em Platesetter Kodak
Trendsetter 800 III

PROVAS MIOLO
HP DesignJet 1050C Plus

PROVAS CAPA
HP DesignJet Z2100 Photo

PRÉ-IMPRESSOR
Lis Gráfica e Editora
[Guarulhos SP]

IMPRESSÃO
processo ofsete

IMPRESSÃO MIOLO
Heidelberg Speedmaster SM 102 2P

IMPRESSÃO CAPA
Komori Lithrone S29

ACABAMENTO MIOLO
cadernos de 32 pp.,
costurados e colados

ACABAMENTO CAPA
brochura com orelhas
laminação BOPP fosco
verniz UV brilho com reserva

IMPRESSOR
Lis Gráfica e Editora
[Guarulhos SP]

TIRAGEM
3 mil exemplares

TIRAGEM ACUMULADA
83 mil exemplares

PRODUÇÃO
março de 2022

MISTO
Papel produzido a partir
de fontes responsáveis
FSC® C112738

Ótimos livros podem
mudar o mundo.
Livros impressos em
papel certificado FSC®
de fato o mudam.